Alison Germain

Pour Coralie

– Livres Paris 2019 –

Le Souffle de Midas

Chroniques Homérides -1

Bon voyage aux côtés
de Louise à la rencontre
des homérides…

Alison Germain

Editions du Chat Noir

Collection Féline
www.editionsduchatnoir.fr
ISBN : 978-2-37568-053-7
ISSN : 2262-4244
Dépôt légal : Octobre 2017
Second Tirage

À ma bonne étoile.

Ω

Prologue

Tandis qu'il étreignait son amante blessée, Rikke sentit le désespoir grignoter son âme. La perdre, comment l'imaginer ? Un monde sans elle serait dénué de reliefs, de nuances et de beauté. Une existence fade, sans raison d'être. La vie s'effaçait peu à peu des prunelles de sa bien-aimée. Les deux opales cristallines que Rikke ne se lassait jamais de contempler étaient ternes, presque figées. Pourtant, il discernait encore une certaine volonté en elles. Une lueur d'espoir.

— Tiens bon, Lia...

Elle tremblait contre lui, sans qu'il ne puisse la soulager. Sa peau d'une froideur mortuaire et son teint lugubre laissaient présager l'issue fatale. Avec toute la puissance de son être, il souhaita furieusement échanger sa place avec elle, pour la libérer et endurer lui-même la souffrance qui la torturait.

À la minute où il l'avait rencontrée, des années plus tôt, il s'était juré par-dessus tout de la protéger. Ce serment allait au-delà de son devoir de Gardien, son besoin d'assurer sa sécurité était vital. Une évidence. Mais ce soir, par son manque de vigilance, Rikke avait manqué à sa parole. Sous-estimant l'épée de Damoclès qui planait au-dessus de la jeune femme, il avait provoqué sa mort. Une erreur au goût d'amertume insoluble.

— Ne lâche pas, Lia, ne lâche pas...

Un sourire sur son visage marmoréen. Même dans la détresse, elle était d'une beauté à faire vibrer les tréfonds de son âme. Il résista soudain à l'envie de l'embrasser, de peur qu'elle ne gaspille ses dernières forces pour lui. Sa générosité était sans faille ; même lorsqu'elle n'avait rien, elle donnait tout.

D'une main sur ses cheveux, il espéra lui apporter du réconfort. Un apaisement bienvenu.

— Rikke, souffla-t-elle à grande peine, il faut...

Sa voix était méconnaissable, tordue par la douleur. Il voulut lui demander de se taire, de ne pas s'essouffler. D'autant plus qu'il redoutait ce qu'elle allait dire.

— Il faut *le* protéger, gémit-elle comme si elle avait perçu ses sombres pensées.

Lui... Pourquoi cette obsession ? Rikke serra les dents, prenant pleinement conscience de la répugnance qu'il avait pour cette chose qui vampirisait les dernières forces de Lia, qui volait leurs derniers instants. Elle *l'*avait laissé aveuglément guider son existence. Rikke détestait cette loyauté exacerbée qu'elle *lui* portait, comme s'*il* comptait plus encore que sa propre vie.

— Écoute-moi...

La voix de Lia était faible, déchirée. Rikke admit immédiatement qu'elle était définitivement condamnée. Ses bourreaux l'avaient mutilée abominablement, pensant pouvoir s'approprier ce qu'elle protégeait avec tant de ferveur. *Lui,* toujours *lui*. Maculé du sang de sa bien-aimée, la rage grimpa en Rikke, insufflant un désir de vengeance insoutenable.

— Il ne faut pas qu'*il* meure, supplia la blessée.

Ne pouvait-elle pas *l'*oublier, juste un moment ? Elle lui avait dédié sa vie, fallait-il aussi qu'elle lui concède sa mort ? Rikke ne voulait plus la partager, plus avec *lui*. Il resserra ses bras autour des frêles épaules de la jeune femme dans un geste désespéré. L'étreindre à présent revenait à saisir de la fumée ; il pouvait déployer tous les efforts du monde, jamais il ne parviendrait à retenir ces volutes de vie qui se dispersaient. Cela le rendait fou.

— *Il* l'a sentie, Rikke, *elle*, continua Lia, la Désignée, *il* l'a reconnue. Elle est là, tout près... Je dois lui transmettre. Je dois achever ce pour quoi je suis venue ici...

Rikke tressaillit à l'évocation de cet instant. Ce fragment de temps où il l'avait laissé partir. Seule. Lorsque Lia avait parlé de léguer son don et qu'elle était parvenue à identifier la pauvre âme qui en hériterait, Rikke avait cru pouvoir être libéré, être enfin débarrassé de ce parasite qui gangrenait leur couple depuis des décennies. Quelle ironie ! S'il avait imaginé un seul instant que l'excursion lui arracherait la moitié du cœur, jamais il n'y aurait consenti.

Pour lui, Lia était tout ; rien, pas même le plus puissant des dons, ne justifiait son sacrifice. Mais comment la retenir...

— Je t'en prie, ne fais pas ça, la supplia-t-il.

L'angoisse étrangla sa voix. Quelque chose se brisa instantanément en lui, quelque chose d'irréparable. Elle avait pris sa décision et ne luttait plus pour sa survie. Ces dernières minutes, elle les sacrifiait à la faveur de sa mission. Comme elle l'avait fait sa vie entière. Même leur amour n'imposait aucune borne à sa dévotion. Pourtant Rikke ne lui en tenait pas rigueur, au contraire. Son courage, sa détermination et son intégrité remarquable le remplissaient de fierté. Jamais il n'oublierait sa témérité, sa bravoure et sa droiture. Il garderait son visage à jamais gravé sur son cœur et ferait tout pour respecter sa mémoire, pour honorer son combat.

Lui dédiant tout son amour, il embrassa ses lèvres une ultime fois.

— Tu le protégeras, Rikke, promets-le-moi...

Refuser ne lui traversa pas l'esprit. Il haïssait ce don, mais les sentiments qu'il nourrissait pour Lia allaient au-delà de son aversion et scellèrent d'instinct son engagement. Lia le savait. Il lui survivrait malgré son chagrin et veillerait sur la nouvelle porteuse ; malgré la tristesse permanente liée à cette mission.

Sa fiancée lui sourit, puis, sans qu'il ne puisse l'arrêter, il la vit puiser ses dernières forces pour lancer l'*Appel*.

Ω

— 1 —

En temps normal, je ne travaillais pas chez *Crystals* le jeudi. Mais cet après-midi-là, Denise étant absente, Eileen, ma patronne, m'avait appelée en urgence.

Cela ne m'arrangeait absolument pas, mais j'avais un gros défaut : j'étais incapable de dire non, en particulier à Eileen qui en avait parfaitement conscience.

— Je te le revaudrai, Louise, je suis vraiment embêtée, là...

Pas de doute, ma supérieure savait y mettre les formes. Je retins un soupir, grimaçai silencieusement et cédai finalement.

— Peux-tu être là d'ici une demi-heure ? C'est bon ?

— Le temps d'arriver, oui, lui confirmai-je.

— Parfait, à tout de suite !

En raccrochant, je jaugeai mon devoir d'expression écrite à peine entamé. J'avais jusqu'au lendemain pour le rendre, et je n'en avais même pas pondu un tiers. Génial...

Je dévalai les marches de la maison en jurant, ce que ma mère ne s'empêcha pas de relever. Sans écouter un traître mot de son sermon, je chopai ma besace au vol sur le portemanteau et claquai la porte en pestant de plus belle.

Ne prenant même pas le temps de loger les écouteurs de mon iPod dans mes oreilles tant j'étais énervée, je descendis jusqu'au centre-ville d'un pas vif. Depuis le chemin derrière l'église, je débouchai sur *Church Street* puis remontai la rue passante vers l'échoppe de *Crystals*, magasin de bijoux et de gemmes. La devanture bleu ciel était reconnaissable depuis le port, bien que la boutique soit imbriquée entre deux grosses enseignes aux vitrines gigantesques. Dans un tintement de clochettes, je pénétrai à l'intérieur.

— Louise, te voilà ! m'accueillit Eileen. Viens, installe-toi, je vais te chercher un café chez Costa, OK ?

J'eus à peine le loisir de cligner des yeux qu'Eileen était déjà sortie. Je pris ma place, rangeant mon sac dans le placard prévu à cet effet, bien forcée de reconnaitre que ma patronne faisait au moins un effort pour me remercier de ma disponibilité. Je quittai donc mon humeur de chien et me mis joyeusement au travail.

Je bossais chez *Crystals* depuis presque six mois, soit à partir du moment où j'avais décidé de ne plus totalement dépendre de ma mère, financièrement parlant. Certes, à dix-neuf ans, je vivais toujours chez elle, mais j'avais également obtenu, grâce à ce job, une certaine liberté qui me permettait de m'offrir ce que je voulais quand je le voulais ou bien de mettre un peu d'argent de côté pour ma vie future. Le réserver, par exemple, pour des choses importantes comme le permis de conduire ou l'achat d'une voiture.

Oui, ce job m'avait changé la vie.

Le magasin appartenait à une chaîne qui comptait à ce jour vingt échoppes dans toute l'Angleterre, dont plusieurs répertoriées en Cornouailles. C'était le genre d'endroit qui sentait l'encens et qui accueillait parmi ses étalages quelques bouquins d'ésotérisme, des babioles bizarres et des pendules, en plus d'une gamme de pierres semi-précieuses très étendue. Lithothérapie, divination, transmission d'énergie, tout un vocabulaire que j'avais dû assimiler depuis mon embauche et qui faisait désormais partie de mon quotidien. Pour tous ceux qui croyaient à ce genre de choses, cela devait avoir un sens, pour ma part, je demeurais plutôt sceptique.

— Bah, tu sais... c'est naturel, m'avait dit Nimue[1], ma meilleure amie, le soir où j'avais terminé ma période d'essai, et tout ce qui est naturel, c'est bon pour nous, de toute façon !

1 Se prononce « Ni-mou-wé ». Nimue est un autre nom de la fée Viviane, la Dame du Lac, dans les légendes arthuriennes.

Juste après ça, elle m'avait quasiment soufflé la fumée de sa cigarette à la figure. Pour le naturel, on repasserait, mais elle n'avait cependant pas tort. Au fond, ces bizarreries ne faisaient de mal à personne.

J'avais néanmoins rencontré de nombreux clients étranges depuis que je travaillais dans la boutique et parfois, je devais me retenir de rire tant ils étaient extravagants. Pour une impie comme moi, c'était simplement risible, mais pour eux, c'était un mode de vie, presque une religion.

Si la plupart de mes clients, sensés, venaient recueillir une gemme porte-bonheur, j'avais parfois affaire à une poignée de fantaisistes, persuadés dur comme fer de détenir le pouvoir des trois. *Le pouvoir des trois...* rien que ça ! Certains jours, j'avais carrément l'impression d'évoluer en pleine série télé des *nineties*. *Charmed* ou *Buffy contre les vampires* par exemple. Pour un peu, je m'attendais à voir Phoebe Halliwell venir se procurer quelques cristaux protecteurs dans mon échoppe, ou bien Alex et Willow se préparer en vue d'une attaque de démons dans le cimetière le plus proche.

Ces clients-là étaient convaincus que nous déambulions au beau milieu des sorciers, des licornes, des fées et autres créatures magiques. Le Gruffalo[2] existait peut-être bel et bien lui aussi, pourquoi pas ? Tout était possible...

Occupée à ranger une paire de boucles d'oreille en labradorite sur un présentoir en vitrine, je n'aperçus pas immédiatement la silhouette de Mrs Yale, un spécimen des plus farfelus, franchir le seuil du magasin. Cliente fidèle, cette dernière était persuadée d'être une sorcière. Non, pardon, un *médium*, comme elle ne cessait de me le rappeler. Apparemment, la nuance avait son importance.

J'avais parfois quelques regrets à me moquer de ses lubies derrière son dos, car elle était en réalité une femme adorable.

2 Le Gruffalo est un personnage de fiction très populaire en Angleterre, notamment chez les enfants. Il est tiré de l'imagination de Julia Donaldson, auteure jeunesse.

Toujours gentille avec moi et attentionnée. Elle ne se montrait jamais pressée ou hautaine comme pouvaient l'être certains habitués. Elle avait au contraire un cœur chaud et un sourire franc, ce que j'appréciais particulièrement.

— Oh, ma petite Louise, m'apostropha-t-elle sitôt entrée dans la boutique, mais... nous sommes jeudi... et vous êtes là !

— Je remplace Denise, lui appris-je, quel plaisir de vous voir, Mrs Yale !

Le médium secoua la tête de contentement, faisant tinter les breloques qu'elle portait dans les cheveux et aux oreilles. Des pentagrammes, des triskèles, des monades et tout un tas de pierreries. Elle arborait une bague à chaque doigt et une rangée de boucles depuis le lobe jusqu'au bout du cartilage, ainsi que tout un attirail dans les cheveux et aux poignets. Ses chevilles étaient probablement ornées elles aussi et je savais qu'elle possédait un piercing au nombril, puisqu'elle m'en avait déjà acheté quelques-uns.

— Le plaisir est pour moi, jeune fille, me gratifia-t-elle d'un sourire, je suis venue chercher quelques ambres pour mon cercle.

Je n'avais pas la moindre idée de ce dont elle me parlait et me contentai de hocher poliment de la tête.

— Hum, hum... Nous en avons reçu de nouveaux en début de semaine, je vais vous en chercher en réserve.

Je revins en moins d'une minute, quelques résines de tailles et de composantes différentes en main. Les alignant sur le comptoir, j'invitai Mrs Yale à y jeter un œil tandis qu'Eileen poussait la porte de l'échoppe dans un tintement de clochette.

— Mrs Yale ! salua-t-elle notre habituée sitôt arrivée, nous ne vous avions pas vue de la semaine. Vous cherchez... des ambres, très bon choix ! Très bon canalisateur d'énergie, et source de protection. Mais vous devez le savoir.

Notre médium opina avec un sourire en coin, comme pour dire « pour qui me prenez-vous donc ? », puis concentra derechef son attention sur les pièces que je lui proposais. Le choix semblait ardu. Pour moi, les pierres se ressemblaient toutes rigoureusement, pour Mrs Yale, de toute évidence, ce n'était pas le cas. Elle en poussa deux dans ma direction, puis replongea dans sa réflexion, un doigt sur les lèvres, les paupières plissées.

— Hum... Ont-ils été en contact avec du jade, Louise ? Le savez-vous ?

J'écarquillai les yeux, sans comprendre où elle voulait en venir. Bafouillant, j'avouai n'en avoir aucune idée, après quoi Eileen et moi échangeâmes un regard, perdues l'une comme l'autre.

— Je ne préfère pas prendre de risque, conclut finalement notre cliente farfelue, le jade annule les bienfaits de l'ambre et certaines de vos pièces, qui plus est, sont éteintes.

— Éteintes ? m'étonnai-je.

Je ne les avais même pas vues s'allumer en ce qui me concernait.

— Vides si vous préférez, ces pierres ne serviront plus.

Ravie d'apprendre que les produits que nous vendions équivalaient à de la camelote magique, je me pinçai les lèvres. Eileen non plus ne savait pas quoi dire, mais Mrs Yale, elle, souriait paisiblement, haute perchée sur son arbre enchanté.

Je me raclai la gorge avant de désigner les deux seuls ambres qu'elle avait sélectionnés.

— Et ceux-ci ? Sont-ils...

Allumés ? Pleins ?

— Ils sont en vie, oui.

Ne pas rire, ne pas rire, ne surtout pas rire...

Après une longue inspiration, je dévoilai mon sourire *spécial vente*, celui que j'espérais le plus honnête possible, tout en restant un peu forcé quand même.

— Je vous les emballe ? offris-je gentiment.

— Non, non, ils doivent être au contact de ma main, objecta Mrs Yale, plus tôt je leur transmets mon énergie, mieux c'est !

Un instant, j'imaginai Mrs Yale repartir jusque chez elle avec ses ambres aux creux des paumes, comme elle l'aurait fait avec un petit poussin. Mais si pour elle les gemmes étaient vivantes, cela tombait sous le sens finalement.

Je lui remis ainsi les résines et cueillis un billet de 50£ dans sa main gauche, j'allais lui rendre la monnaie quand elle me saisit brusquement le bras.

– Louise !

La stupéfaction me fit sursauter.

– Regardez-moi, Louise !

Je me raidis de surprise. Ourlées de cils plombés d'une épaisse couche de mascara, deux obsidiennes profondes me détaillaient minutieusement. Quelque chose sur mon visage retenait son attention. Un morceau de salade coincée entre mes dents ? Peu probable. Moins il y avait de vert dans mon assiette, mieux je me portais. Une trace de maquillage en travers de la joue ? J'avais à peine pris le temps de me coiffer en partant, alors me pomponner… Non. C'était autre chose. Le trouble dans ses iris en disait long. Que voyait-elle exactement ?

Un présage ?

J'en riais d'ordinaire et pourtant, je me mis à douter.

Pas le *sinistros*[3], s'il vous plaît, tout sauf le *sinistros* !

Tandis que mon cœur palpitait, Mrs Yale se détacha de moi avec lenteur. La crispation de ses traits s'envola presque aussi furtivement qu'elle était apparue. En plissant les yeux, elle leva un index, semblant réfléchir.

– Il vous faut une agate ! déclara-t-elle, les pommettes arrondies par un sourire espiègle.

Avant de comprendre qu'elle me parlait, il se passa quelques secondes.

– Je… vous demande pardon ? fis-je en refoulant un rire

3 Référence à Harry Potter. Le sinistros, dans l'univers de J.K Rowling est un présage de mauvais augure. Il a la forme d'un gros chien noir, directement inspiré d'un spectre présent dans le folklore britannique.

nerveux.

Le menton pointé en direction du présentoir à bagues, ma cliente poursuivit avec engouement.

— Les agates sont des talismans protecteurs, clarifia-t-elle, portées en bague ou en collier, elles sont très puissantes. Celle-ci est superbe, regardez ! Oh, vous devriez la passer…

J'eus un mouvement de recul, étonnée par ce qu'elle venait de dire.

— M… moi ? balbutiai-je avec maladresse.

— Oui, acquiesça posément Mrs Yale, vous êtes jeune, et déjà fatiguée. Il n'y a qu'à regarder vos jolis yeux atrocement cernés pour s'en rendre compte ! Et puis, je vous vois très souvent rentrer seule à la nuit tombée, c'est très imprudent, surtout sans un talisman. Je vous aime bien, ma petite Louise, et je n'aimerais pas qu'il vous arrive malheur. Prenez cette agate, c'est moi qui paie !

Sans que je ne sache l'expliquer, un courant glacial me mordit les os. Je ne croyais en rien de surnaturel, pourtant, Mrs Yale parvenait à me filer les pétoches avec ses histoires. Me faire cadeau de cette gemme n'était absolument pas anodin, elle avait vu ou senti quelque chose. J'avais lu dans ses prunelles une angoisse qu'elle tâchait à présent de dissimuler par des sourires. De mon côté, il m'était difficile d'en faire abstraction.

Devant mon absence de réaction, Eileen prit les devants et encaissa le billet que lui présentait Mrs Yale. Ce geste me réveilla soudain.

— Je… vous… Vous n'êtes pas obligée de m'offrir cette pierre, Mrs Yale, c'est gentil à vous, mais…

Elle balaya mes protestations d'un revers de main.

— Ne vous occupez pas de ça, Louise, et enfilez dont cette bague !

Ω

Mrs Yale prit congé, ses ambres au creux de la paume, en me faisant promettre de toujours garder ce talisman sur moi. Comme à mon habitude, je n'avais pas su le lui refuser. Mon café avait complètement refroidi lorsque je posai pour la première fois les yeux sur le bijou qui ornait désormais mon doigt. Sertie d'argent, la pierre était d'un brun presque gris, pas très grande, lisse. Elle renfermait néanmoins quelques nuages, la rendant trouble par endroits. La regarder me mettait mal à l'aise, aussi absurde que cela puisse paraître, ce simple ornement m'inspirait à la fois l'angoisse et la fascination. Devais-je croire aux histoires de Mrs Yale ou bien n'était-ce que des sornettes ? J'étais perdue, avec une sensation de lourdeur à l'annulaire, comme une épée de Damoclès au-dessus de ma tête.

— 2 —

Les soirées d'octobre se faisaient fraîches, mais vivant en Cornouailles depuis l'âge de mes quatre ans, j'y étais plutôt habituée. Toutefois, le contraste entre l'extérieur un peu frisquet et l'atmosphère de la boutique, chauffée à l'encens et à l'énergie minérale – ou tout simplement au chauffage d'appoint – me fit frissonner. Avant d'abaisser la grille, Eileen m'interpella. Dans l'après-midi, elle avait eu des nouvelles de Denise qui avait prolongé son arrêt pour plusieurs semaines. Son accident de vélo s'était révélé plus grave qu'Eileen ne l'avait imaginé. Comprenant tout de suite où elle voulait en venir, je la devançai.

— Tu aimerais que je couvre ses heures ?

— Le soir surtout... après tes cours, et seulement le temps que l'agence d'intérim m'envoie quelqu'un. Cela devrait prendre moins d'une semaine.

Dans le mille ! Pinçant les lèvres, j'acceptai néanmoins. J'allais devoir sacrifier un peu de sommeil si je voulais rendre mes devoirs à temps pour la fac et assurer du même coup mon travail chez *Crystals*. Mais Eileen comptait sur moi et je ne pouvais pas me permettre de lui faire faux bond.

Nous nous séparâmes finalement devant l'aquarium municipal ; là, je privilégiai une petite rue en montée tandis qu'Eileen continua jusqu'au parking de Tesco où sa voiture était garée. Avec mon album préféré de *Mumford and sons* dans les oreilles, je fourrai les mains dans mes poches et me mis à grimper.

L'ascension était rude pour parvenir jusqu'à chez moi. Falmouth était une petite ville, mais elle était assez pentue et malgré mes quinze années d'entraînement, je parvenais toujours sur le pas de ma porte, la langue jusqu'aux genoux, suant et soufflant comme un bœuf.

Je remontais *Pike's Hill* quand un cri, tout à coup, me glaça le sang. Je m'immobilisai et ôtai mes écouteurs, priant pour que ce ne soit que le fruit de mon imagination, mais un deuxième hurlement, plus strident que le premier, balaya mes doutes.

Merde. Putain. Merde. Putain... La panique, peu à peu, me gagnait. Nerveusement, je me balançai d'un pied sur l'autre, partagée entre l'envie immédiate de prendre mes jambes à mon cou et celle de me terrer dans un coin jusqu'à ce que cela passe. Quelqu'un se faisait visiblement agresser à quelques mètres de moi, une femme si j'en jugeais par la tonalité aiguë de son cri, et j'en étais à me demander si je devais fuir ou me cacher... Vraiment ?

Je décidai finalement d'appeler la police et aussitôt cherchai mon téléphone portable dans le gouffre que constituait mon sac. Mes mains tremblantes n'aidant pas, cela me prit de longues secondes pour enfin me saisir de l'appareil.

Mon corps se secouait comme un prunier sous l'effet de la peur, si bien que je dus fournir un effort monstre pour me souvenir du numéro d'urgence. Mes doigts me semblèrent tellement gelés et engourdis que j'eus un mal fou à composer le 999 sur mon microclavier. La tonalité, enfin ! J'eus même le droit aux Quatre Saisons de Vivaldi pour ma peine. Loin d'en être rassérénée, je trépignai. Je ne pus m'empêcher de gesticuler, la lenteur du standard de la gendarmerie n'arrangeant rien à mon état de stress.

Il se passait des choses vraiment louches pas très loin – les cris n'avaient pas cessé, au contraire, ils se faisaient de plus en plus perçants – et je n'avais aucune envie de finir ma soirée six pieds sous terre.

J'avais froid et un goût amer emplissait ma bouche quand soudain, levant les yeux, je remarquai une silhouette qui me scrutait depuis les hauteurs de *Pike's Hill*. Massive, hostile. Cela n'augurait rien de bon. La peur se cristallisa aussitôt dans mes veines. Un beuglement hystérique jaillit de ma gorge, avant que je ne me mette finalement à courir, la terreur guidant mes foulées.

Avec élan, je débouchai sur une pente raide que je dévalai trop vite pour pouvoir l'appréhender lestement. La semelle de ma bottine accrocha le macadam, je chutai, corps en avant et percutai lourdement le sol.

Par réflexe, mes bras amortirent le choc qui me scia en deux. Une douleur vive m'assaillit au menton tandis qu'un goût métallique piquait ma langue. Sonnée, je restai recroquevillée à terre plusieurs secondes, la gueule en sang.

À la trente-sixième chandelle, un bourdonnement sourd me fit cligner des paupières. Mon téléphone. Dans ma chute, il avait voltigé à quelques mètres de moi. Grimaçant, je me redressai pour l'attraper.

— Gmmph ? fut tout ce que je parvins à dire.

— Allô ? Allô ? Vous m'entendez ? demanda la voix d'un homme à l'autre bout du fil. Allô ?

La police.

— Ou... oui, parvins-je à articuler après un effort surhumain, O..ou... oui.

— Madame, vous semblez en état de choc. Que se passe-t-il ? Vous pouvez parler ?

Reniflant, sanglotant, j'eus beaucoup de peine à respirer correctement et dus déployer des trésors de concentration pour formuler ma réponse.

— J... j... j'ai-ai-ai ai... entendu..des cr..cr... cri-i-i-is.

— Calmez-vous, madame. Respirez lentement, prenez votre temps.

J'inspirai et expirai plusieurs fois de suite, comme l'agent me le préconisait, puis nous poursuivîmes la conversation.

— Bien. Je suis le lieutenant Byron. Nous allons reprendre calmement les faits que vous m'exposez. Vous avez perçu des cris, donc ? Une dispute ?

— N... non, affirmai-je, des hur-le-le-ments... J-je ren-rentrais du t-t-travail et... Allô ? ALLÔ ?

L'écran noir de mon téléphone souffla en moi un vent de panique, faisant chuter du même coup la température de mon corps. Plus de batterie ! Dans un moment pareil, cela tenait de l'ironie. J'étais la championne pour tomber en rade et louper les appels de mes proches, ce soir on me rendait la monnaie de ma pièce. D'un geste complètement désespéré, je tentai de rallumer l'appareil en pressant le bouton marche/arrêt. J'avais beau pleurer et supplier, cela ne changea rien. Résignée, je fourrai le téléphone dans ma poche et passai une main tremblante dans mes cheveux, respirant calmement pour tenter de diminuer mon angoisse. En vain.

À deux doigts de lâcher, mes nerfs amorcèrent une incontrôlable crise d'hilarité. Je m'esclaffai à gorge déployée, le menton en sang. Un tableau sinistre. Hélas, il s'agissait là de ma meilleure arme.

Quand je parvins à m'arrêter, les muscles de mon ventre me faisaient mal. L'euphorie se dissipa pour laisser la place à un vide oppressant. L'atmosphère me parut lourde, comme si l'air avait pris la consistance d'un nuage épais. J'étais seule, au beau milieu de la nuit, le visage poisseux, dans une rue totalement déserte à peine éclairée par un lampadaire. Il n'y avait aucune trace de la silhouette que j'avais cru voir un peu plus tôt, pourtant j'avais l'effrayante sensation d'être observée. Aucun bruit ne perçait l'obscurité, pas un gémissement provoqué par le vent, ni la moindre rumeur. La gorge sèche, les mains moites, je pris une longue inspiration. Il n'y avait personne. *Il n'y avait personne. Il n'y avait personne... personne.* La litanie que j'imposai à mon esprit eut l'effet d'un pansement sur une jambe de bois et aussitôt un hoquet fit jaillir mes larmes. J'étais terrifiée. Même en cherchant autour de moi, je n'envisageais aucune issue. Le danger me paraissait niché à chaque coin de ruelle, derrière chaque maison. Partout.

Et si je rebroussais chemin ? Peut-être atteindrais-je assez rapidement la rue principale. Il y avait toujours du monde le soir dans le centre-ville de Falmouth, même en pleine semaine. Il me suffirait de trouver un pub pour m'y cacher une heure ou deux, le temps que cela se calme.

La pénombre qui me barrait la route, néanmoins, ne m'inspirait aucune confiance. Comme si celle-ci pouvait brusquement se densifier, se parer de mains crochues, d'une paire d'yeux jaunes terrifiants et d'une immense gueule avide de chair fraîche.

Machinalement, je fis tourner l'agate autour de mon majeur, grigri jusqu'alors supposé m'apporter protection et sécurité, à mesure que les dernières bribes de courage se frayaient un chemin jusqu'à mon cerveau. *Courir. Vite.* Ma décision était prise, je ne pouvais rester plus longtemps immobile, totalement exposée au danger.

Mais alors que j'esquissais le premier geste de fuite, un nouveau cri me vrilla les tympans. Une alarme à la tonalité horrifique, presque irréelle qui m'insuffla, en plus d'une terreur glaçante, un étrange sentiment d'inconfort. Pire, de la culpabilité. Les muscles pétrifiés, le souffle court, j'avais les yeux rivés sur les hauteurs de *Pike's Hill.*

C'était dingue, suicidaire et probablement la dernière chose à faire, mais je devais en avoir le cœur net. Si je n'avais rien fantasmé, une jeune femme vulnérable se trouvait dans des draps bien plus sales que les miens, devais-je l'abandonner à son triste sort ?

L'idée me traversa une seconde. Un éclat de lucidité, peut-être, que malheureusement je balayai. Sans me questionner plus longtemps, je forçai le pas, l'adrénaline réchauffant mon sang. Je ne m'étais jamais senti l'âme d'une héroïne, j'étais même plutôt aux antipodes, mais ce soir-là, c'était différent. C'était comme si un harpon invisible m'attirait sans que je ne puisse m'y soustraire.

À mi-chemin sur la colline de bitume, je stoppai net ma course et tendis l'oreille. Pas un souffle autour de moi, à l'exception du mien. Rien. Le silence le plus complet.

Poussée par je ne sais quels petits démons qui avaient juré ma perte, je poursuivis mon enquête. En haut de la colline, je tournai sur ma gauche, suivant purement mon intuition, et m'enfonçai plus avant dans l'obscurité de la rue contiguë.

Interpellée par le calme anormal dans lequel baignait le quartier de *Pike's Hill*, je ralentis l'allure. Par les fenêtres éclairées des habitations, je me rendis compte que des familles prenaient leur dîner tranquillement, ou bien regardaient la télé, vautrées nonchalamment dans leur canapé. Ce n'était clairement pas l'attitude qu'observaient les témoins d'une agression. Ça ne collait pas. Les cris que j'avais perçus avaient failli me percer les tympans, il était impossible que je sois la seule à les avoir entendus. À moins d'avoir rêvé, ce que je refusai d'admettre.

Fermement attachée à mon idée, je continuai sur ma lancée, allant jusqu'à inspecter sous les voitures. Évidemment, je n'y trouvai rien de plus que des cadavres de bouteilles de bière et quelques débris sans intérêt. Le silence, seulement perturbé par le crissement du vent dans les arbres, n'allait pas dans mon sens, mais je m'obstinai. Quelqu'un avait hurlé, j'en aurais mis ma main à couper !

À fleur de peau, je sursautai brusquement lorsqu'un chien féroce aboya, tout en sautant les deux pattes en avant sur sa clôture grillagée. Une main sur le cœur, je soupirai et m'écartai en vitesse pour éviter d'ameuter tout le quartier.

— T'es complètement parano, ma pauvre Louise...

L'énoncer à voix haute m'apaisa. Essuyant mon front en sueur, je laissai, peu à peu, une place au doute. Aussi étrange que cela puisse paraître, ce dernier était bien plus confortable que je ne souhaitais l'admettre.

La réaction de l'animal avait été instantanée dès lors que j'étais passée devant sa maison, or il ne s'était pas manifesté plus tôt. À aucun moment. Le chien, le voisinage, l'absence de bruit, de preuves… cela faisait beaucoup, assez du moins pour ébranler ma conviction. Avais-je fantasmé cet appel au secours, cette détresse qui m'avait prise aux tripes ? Les élucubrations de Mrs Yale dans l'après-midi m'avaient perturbée. Au point d'amorcer un pareil délire ? C'était possible…

Vraiment ?

Déroutée, je jetai un œil autour de moi. Le chien, désormais à plusieurs mètres, m'observait en silence, ses oreilles pivotant au moindre de mes gestes. Rien ne bougeait. Forcée de me rendre à l'évidence, je resserrai sur moi les pans de ma veste, espérant apaiser mes tremblements qui, je le savais pourtant, n'étaient pas réellement causés par le froid.

Décidée à retrouver au plus vite la sécurité de mon foyer, j'esquissai un pas quand un nouvel éclat de voix, plus proche et plus enroué qu'auparavant, m'arrêta. Avant que mon esprit n'ait le temps de m'accabler de mille questions, un homme en noir sauta par-dessus le portail du parc pour enfants juste devant moi. Je n'aperçus que son regard, un éclat doré, lorsque ce dernier croisa le mien, avant de le voir disparaître derrière la haie. Mon cœur frappa un grand coup dans ma poitrine, distillant dans mes veines le courage qui me manquait jusqu'alors.

— Hé ! m'écriai-je à pleins poumons tandis que je me lançai à la poursuite de l'individu. Revenez !

En vérité, je n'étais pas certaine de savoir comment réagir s'il m'écoutait et rebroussait chemin, mais ce fut la seule chose que je trouvai à dire. Je n'avais aucune idée de qui il était, ni de ce qu'il faisait dans ce parc. Néanmoins, j'avais la conviction qu'il avait à voir avec les cris. Sa fuite, par ailleurs, laissait présumer qu'il baignait dans quelque chose de louche. Quoi que ce fût, je devais savoir.

Happée par un gémissement de douleur lorsque je parvins à hauteur du parc, je ralentis. Après une seconde de réflexion, je me glissai derrière le portail. Quelqu'un avait besoin d'aide et je préférais la lui apporter plutôt que de jouer les justicières.

L'agresseur était probablement déjà loin de toute façon. Grisée par le sprint que je venais de piquer, j'avançai sans peur, loin de m'arrêter à la noirceur qui régnait sur le lieu. Ce ne fut que lorsque je trébuchai sur un obstacle que je regrettai ma précipitation.

Tombant sur quelque chose de mou et rigide à la fois, je ne parvins pas à me rattraper et atterris les paumes en avant dans l'herbe poisseuse. La masse dans laquelle j'avais buté remua soudain, me faisant bondir en arrière dans un cri d'effroi. Au même moment, une main sanguinolente surgit et m'agrippa le poignet. Lorsque je me débattis pour me défaire de cette prise, j'y laissai mon bracelet. Le souffle me vint à manquer, alors que je reculais.

— Aii..aide...

La voix étranglée de la victime m'empêcha de fuir.

C'était un cauchemar, une scène d'épouvante invraisemblable ! La nuit était noire et la lumière de la lune donnait un aspect fantomatique au tableau. Une pauvre fille, couverte de sang, gisait sur la pelouse. Sa main droite, je le découvrais avec horreur, avait été sauvagement tranchée. On l'avait également poignardée au ventre. Du sang, pareil à de l'encre dans l'obscurité, s'échappait à grands flots de la plaie qui lui barrait l'abdomen. Quelle sorte d'individu était capable d'une telle barbarie ?

— Mon Dieu, soufflai-je d'une voix faible.

La malheureuse toussota bruyamment, prise de brusques convulsions. Sans trop savoir quoi faire, je me ruai près d'elle, cherchant à la rassurer du mieux que je le pouvais. Mes mains se mirent à trembler tandis que dans mon cerveau se jouait une cacophonie de pensées toutes plus incohérentes les unes que les autres.

Incapable de prendre la moindre décision, je n'osais toucher la victime.

— Calmez-vous, la priai-je, calmez-vous... Tout va bien se passer, je... je vais appeler quelqu'un... On vous conduira aux urgences. Calmez-vous, tout va bien...

Mon téléphone étant toujours hors service, je ne savais pas comment tenir ma promesse. Je ne pouvais pas la laisser seule dans ce parc sordide où elle se viderait de son sang avant que je ne revienne avec des secours. Lui avouer que j'étais complètement paniquée était exclu, cela n'aiderait en rien la situation.

Secouée de sanglots, la mutilée poussait des gémissements déchirants. Je me sentais totalement impuissante, terrorisée. Comme si un tourbillon infernal m'aspirait dans son sillon sans que je puisse me débattre.

— A... a... aii... aiide... moi, me supplia la jeune femme, pointant son moignon martyrisé vers mon visage.

J'eus, malgré moi, un mouvement de recul, comme si la pauvre était un zombie putride. Réalisant soudain la dureté de mon geste, je fus envahie par la honte.

— Je suis dé... désolée, haletai-je avec faiblesse, o... on... va trouver une solution, vous irez mieux, bientôt...

Rien n'était moins sûr. À en juger par le flux de liquide qui s'échappait de ses plaies, il me restait peu de temps. Je n'avais pas la moindre compétence en médecine, aussi devais-je trouver de l'aide rapidement. Frapper aux portes m'apparaissait comme mon ultime chance de lui sauver la vie. Je pris alors mon courage à bras le corps, le peu dont je disposais du moins, et m'approchai d'elle pour tenter de la soulever.

Je chancelai sous son poids, j'eus à peine le temps d'esquisser un mouvement, que la blessure de son abdomen imbiba sa robe d'un rouge macabre. Je m'immobilisai. La déplacer était une très mauvaise idée tout compte fait, je risquais tout simplement de l'achever. Mes ressources s'amoindrissaient, de même que mes espoirs de la secourir.

Ma protégée et moi nous écroulâmes dans la boue du parc, elle paraissait encore plus mal en point que lorsque je l'avais découverte. Qu'avais-je fait ? Elle respirait à peine. Paniquée, je la secouai avec vigueur.

— Réveillez-vous ! m'égosillai-je, m'efforçant ainsi de la garder consciente.

Je devais me ressaisir, et vite. La malheureuse était en vie, mais j'ignorais pour combien de temps encore. Frigorifiée, elle grelottait, ce à quoi je ne pouvais pas faire grand-chose, hormis tenter de la réchauffer avec ma propre chaleur corporelle. Bien qu'encore un peu écœurée à la vue de son bras mutilé, je l'étreignis puis me mis à frictionner ses bras et son dos.

C'était un cauchemar. Un cauchemar...

— Ça va aller, la rassurai-je du mieux que je le pouvais, ça va aller...

Mais nous étions seules, sans aucun moyen d'appeler de l'aide.

Je ne pouvais que prier pour qu'un passant nous aperçoive depuis la rue.

Quelqu'un... N'importe qui...

La blessée toussa à nouveau du sang et se convulsa avec virulence. Je ne savais plus quoi faire. J'étais écœurée et démunie. Elle ouvrit alors la bouche pour me dire quelque chose, se ravisa. Sa respiration vacillait à mesure que ses forces diminuaient. Elle manqua plusieurs fois de tourner de l'œil.

Un nouveau murmure, cette fois plus vigoureux. Je baissai les yeux vers elle. C'était la première fois que je la regardais vraiment. Son visage tuméfié avait conservé sa beauté. Ses cheveux, que le sang à demi séché collait à ses joues et à son front, étaient d'un blond presque blanc et sa peau, bien que mouchetée de rouge, avait la douce couleur ivoire qui lui donnait l'air d'un ange. Un ange blessé.

— Le... le..Sou..ffle, dit-elle à grande peine, le souffle...

— Vous... euh... vous avez du mal à respirer ? hasardai-je sans savoir comment l'apaiser.

— Le Souffle ! insista-t-elle en levant vers moi des yeux bleus exorbités, prenez-le !

Je restai muette, sans comprendre réellement ce qu'elle cherchait à me dire. Elle ne me laissa cependant pas le loisir de lui demander plus d'explications. Sans que je puisse réagir, elle agrippa tout à coup le col de mon t-shirt avec force et m'attira à elle pour plaquer violemment ses lèvres aux miennes.

Je m'efforçai de la repousser, mais elle était pourvue d'une poigne féroce qui m'immobilisait. Je protestai, essayai de m'éloigner d'elle, mais elle ne semblait pas décidée à lâcher si facilement sa prise.

Un frisson désagréable me parcourut, j'eus soudain la sensation qu'un serpent glacé s'insinuait dans ma gorge et cherchait à m'étouffer. Je me retins de vomir. Le froid sembla se cristalliser autour de ma colonne vertébrale, me paralysant totalement. L'instant d'après, ma peau me brûla, comme si mon sang se changeait en lave. Le feu s'échappait par tous mes pores, me faisant suffoquer.

Lorsque la mutilée me libéra enfin, après quelques secondes d'étreinte forcée qui m'avaient paru des heures, je bondis en arrière, souhaitant au plus vite rompre le contact qu'elle m'avait imposé. Je haletai, essuyai ma bouche du revers de ma main tandis que la malheureuse s'effondrait sur le sol, inanimée.

Je n'eus pas le temps de la maudire que déjà, je me sentis mal. Mon cœur frappait fort contre ma poitrine alors qu'une vive douleur martelait mon crâne. Je hurlai en me tenant le cuir chevelu, quand ma vision se brouilla soudain.

Un étau suffoquant me tenailla, je titubai un instant, puis, mes genoux cédant sous mon poids, je m'effondrai.

Ω

— 3 —

La chute me parut interminable, comme dans un abysse sans fin. Les tympans vrillés par un sifflement désagréable ; le crâne compressé dans un gant de fer. J'étouffais, suffoquais, assaillie par des flots incessants qui s'immisçaient par ma bouche et mon nez. Je me noyais. Je ne pouvais ni hurler, ni appeler à l'aide. L'apesanteur me soulevait l'estomac quand, tout à coup, je heurtai une surface plane. J'ouvris les yeux dans un sursaut sur une chambre qui m'était inconnue.

L'endroit où je me réveillai sentait l'aseptisant, les draps bouillis et la soupe aux légumes. Je plissai le nez.

Un hôpital. Il n'y avait pas le moindre doute possible.

La lumière me piqua les rétines lorsque j'ouvris davantage les paupières. Dans un grognement, je me passai la main sur le visage et grimaçai aussitôt. Ma figure, couverte d'égratignures, me lançait douloureusement.

En silence, je contemplai le plafond incapable de discerner le rêve de la réalité parmi les souvenirs qui me revenaient en pièces détachées. Un bruit soudain me fit tendre la nuque. Je me redressai sur les coudes et vis mon frère apparaître dans l'embrasure de ma porte, le sourire jusqu'aux oreilles comme à son habitude.

— Hey, la Belle aux trottoirs malodorants est sortie de son petit somme !

Marshall, vingt-quatre ans, avait gardé sa bouille adorable de petit garçon. Le menton imberbe et l'œil malicieux, il avait un succès indéniable auprès des filles. Du moins, jusqu'à ce qu'elles se rendent compte qu'il était du genre à bannir la monogamie de son vocabulaire.

— Fais pas cette tête, Louisette, on dirait que t'as vu un fantôme !

Tout en finesse, mon frère s'écrasa sur mon lit, me broyant la jambe gauche au passage.

Il pesait son poids malgré sa carrure de grenouille. Je grognai mais il n'y prêta aucune attention, boulottant déjà un muffin tout chocolat fraîchement rapporté de chez Starbuck.

Marshall ne mangeait pas, il avalait ou gobait toute nourriture qui avait le malheur de passer à sa portée. L'injustice ultime figurait dans la ligne menue qu'il conservait malgré tout.

— Pumpkin Spice latte pour mademoiselle ! annonça-t-il fièrement.

J'attrapai le gobelet en carton qu'il me tendait et soufflai par le goulot avant de prendre une gorgée de mon latte d'Halloween préféré. Mon frère connaissait mon péché mignon et cette petite attention me fit sourire.

— Où est Maman ? demandai-je après avoir dégusté mon Graal.

— Une urgence pour le boulot, Mrs Green est tombée de sa chaise.

Maman était infirmière libérale, ce genre d'imprévus n'était pas rare, aussi ne m'offusquai-je absolument pas de son absence. Papa, quant à lui, était très souvent en déplacement pour son travail. Commodore dans la Royal Navy, il se trouvait à ce moment-là en mission sur les rives du Canada, nous ne l'avions pas vu depuis deux mois et demi.

— Je vais lui envoyer un SMS pour la prévenir que tu es réveillée, promit mon grand frère avec bienveillance.

Nous restâmes silencieux un instant puis il serra ma main dans la sienne comme s'il avait peur que je ne m'échappe.

— Tu nous as foutu une sacrée trouille, Lou, m'avoua-t-il gravement, les médecins n'ont pas su nous dire ce qui avait provoqué ta perte de conscience. Rien ne semblait indiquer que tu te trouvais dans le coma... C'était comme si tu dormais. Profondément.

J'avais tellement peu l'habitude de le voir si sérieux que cela me mit vraiment mal à l'aise. Je ne savais pas moi-même ce qu'il s'était produit et encore moins ce qui avait engendré ma léthargie. Quelques bribes psychédéliques et totalement improbables me revenaient à propos de ce qui s'était passé la veille, mais je ne pouvais les assimiler à autre chose qu'à un rêve.

— Le docteur a dit que cela pouvait avoir un rapport avec ta chute, mais tu n'as aucune lésion et il semble que tu sois tombée sans gravité.

— Je ne m'en souviens pas.

— Tu as le visage tout écorché, m'indiqua mon frère avec une grimace qui en disait long, et la police t'a retrouvée évanouie au milieu de la rue...

Mes yeux se perdirent dans le vide un instant. J'avais en mémoire ma rencontre fracassante avec le bitume, toutefois je pouvais mettre ma main à couper qu'elle n'était pas la cause de mon état d'inconscience, je me voyais très clairement me relever et appeler la police. La police... Les hurlements que j'avais perçus... La poursuite... La mutilée du parc... Autant de détails qui me paraissaient plus absurdes les uns que les autres et pourtant, qui me semblaient bien plus réels qu'un simple songe.

— La rue ? Mais j'étais dans le parc en haut de *Pike's Hill* quand j'ai perdu connaissance, pas dans la rue...

Mon frère secoua la tête d'un air désolé.

— Ce n'est pas là qu'on t'a trouvée en tout cas...

— Et... et la fille ?

— Quelle fille ? fit Marshall en fronçant les sourcils, qu'est-ce que tu veux dire ?

Je n'eus pas le loisir de m'expliquer, interrompue par trois coups donnés contre la porte de ma chambre. Sans attendre de réponse de ma part, une infirmière pénétra par l'embrasure et me sourit.

— Miss Fawkes, vous êtes réveillée ! s'exclama-t-elle d'un sourire rayonnant, je vais faire venir le Docteur Nolan pour qu'il vous examine si vous le voulez bien.

Elle gribouilla dans un carnet qu'elle rangea dans la poche de sa blouse bleue puis elle prit ma tension. Je me laissai faire, un peu sonnée, mais la retins par le bras quand elle esquissa un geste pour s'en aller.

— Il y avait une fille avec moi, le bras coupé, elle saignait aussi à l'abdomen, vous l'avez retrouvée ? Est-ce que vous avez pu la sauver ?

L'infirmière échangea avec mon frère un regard inquiet. Aucun d'eux ne semblait comprendre ce que je disais, je ne parlais pourtant pas chinois !

— Mademoiselle ?

— Lou, tu te sens bien ?

Je soupirai, exaspérée par leur manque de réactivité.

— Dans le parc ! m'écriai-je. Il y avait bien une fille avec moi, où est-elle ?

La main de Marshall sur mon épaule me fit l'effet d'une décharge électrique. Il cherchait à me réconforter ; or ce n'était pas ce dont j'avais besoin. J'avais envie de savoir ce qu'était devenue la victime, rien de plus. Je me dégageai sans ménagement.

— Dites-moi où elle est !

— Louise, fit Marshall d'une voix posée qui m'agaçait, on t'a retrouvée au pied de Pike's Hill et il n'y avait pas de fille.

Ω

Leurs yeux éberlués me fixaient comme si mon visage s'était soudain recouvert d'écailles. Une bête de foire au discours trop farfelu pour qu'on lui accorde confiance. L'inquiétude de mon frère transparaissait sur sa figure, tandis que l'œil de l'infirmière, ainsi que celui du médecin qu'elle avait appelé à la rescousse, étaient fixés sur ma feuille de soins à la recherche de la trace d'un stupéfiant quelconque qui leur aurait échappé à la première lecture de mes analyses. Il n'y avait rien. Évidemment.

Le médecin sortit de sa poche une petite lampe qu'il me demanda de suivre des yeux. Je n'avais vu cela que dans *Grey's Anatomy* et comme je me l'étais imaginé, c'était extrêmement désagréable. J'eus un mouvement de recul.

— J'étais sobre, hier soir ! protestai-je avec agacement, je sortais du travail quand j'ai entendu un cri ! J'ai même contacté la police avant que mon téléphone ne tombe en rade !

Les deux blouses blanches échangèrent un regard lourd de sens. Je voulais hurler qu'ils se trompaient sur mon compte, je n'étais pas le cas de drogué auquel ils pensaient !

— Appelez le 999, il doit bien y avoir une preuve de mon coup de fil.

— Vous les avez appelés Miss Fawkes, reprit calmement le docteur, c'est grâce à la géolocalisation de votre téléphone qu'on vous a retrouvée et amenée ici.

On marchait sur la tête. Comment les policiers avaient-ils pu passer à côté du corps de la jeune fille qui, même si elle avait survécu, n'avait pas pu aller bien loin au vu de son état ?

— Et le sang ? Personne n'a vu le sang ? Il y en avait partout, ça n'a pas pu se louper ! J'en avais aussi sur mes vêtements...

— Louise, tu divagues...

La mine décontenancée de Marshall me fit presque de la peine, mais j'étais trop énervée pour m'en émouvoir.

— Miss Fawkes, il n'y avait rien d'autre sur vos vêtements que ces paillettes dorées que vous aviez également dans les cheveux et sur le visage. Nous avons pensé que cela provenait d'une fête où vous seriez allée hier, vous souvenez-vous de quelque chose de semblable ?

J'écarquillai les yeux, soufflée par ce que le médecin affirmait.

— Quoi ? Mais qu'est-ce que… Et vous dites que c'est moi qui divague ? soupirai-je. Sérieusement ? Des *paillettes* ?

J'insistai particulièrement sur ce dernier mot pour être certaine que nous parlions bien de la même chose. C'était plus absurde encore que ma version des faits, mais dans leur bouche cela paraissait totalement banal. Des paillettes sur mes vêtements, mes cheveux et ma peau, et puis quoi encore ? Des pétales de rose dans mes poches et des nœuds multicolores parsemant ma chevelure ? Je ne m'appelais pas Barbie princesse Arc-en-ciel !

— De la poudre d'or en vérité… Vous en étiez couverte.

Je partis d'un rire nerveux. Le docteur s'approcha. Je réagis à vif, reculai brusquement et manquai de tomber du lit. Je sortis finalement des draps, prenant conscience de ma nudité sous la blouse d'hôpital qu'on m'avait enfilée pendant ma léthargie. La pression sanguine cognait contre mes tempes et me donnait chaud.

— Je ne suis *pas* allée faire la fête hier soir ! me justifiai-je à nouveau. J'étais au *travail* et quand je suis rentrée, j'ai entendu cette fille, dans le parc sur les hauteurs de *Pike's Hill*, on l'avait *mutilée*. Elle saignait au ventre et sa main avait été tranchée ! Croyez-moi, ce n'est pas le genre de chose qu'on invente ! Je ne comprends rien à votre histoire de… de paillettes ! Je ne *sais pas* comment elles sont arrivées là, ni ce que cela signifie ! Mais je n'ai ni bu d'alcool, ni consommé aucune drogue ! Je n'ai pas rêvé, j'aimerais seulement comprendre ce qui s'est passé !

Essoufflée, je fondis en larmes à la fin de mon monologue, aussitôt accueillie dans les bras réconfortants de mon frère qui avait senti venir l'averse. Après un long silence durant lequel je relâchai la pression, je me détachai de Marshall qui s'assura, d'un regard, que j'allais mieux. Je lui souris avant de me tourner enfin vers le personnel médical qui attendait patiemment que je reprenne mes esprits.

— Vos analyses ne démontrent rien d'inquiétant, Miss Fawkes, avança le médecin. Je n'ai pas non plus le moindre indice sur ce qui vous est arrivé. Je peux néanmoins vous affirmer que nous n'avons recueilli aucune jeune fille qui corresponde à votre description dans nos services, sans quoi soyez assurée que nous aurions tout mis en œuvre pour l'aider. Il semblerait que vous soyez en état de choc et que vous ayez besoin de repos. Beaucoup de repos. J'accepte de signer vos papiers de sortie à la condition que vous me promettiez de prendre soin de vous, Louise. Ni travail, ni cours pour la semaine qui arrive, et je veux que vous fassiez le vide dans votre esprit. Sommes-nous d'accord ?

Je soupirai. Il voulait m'aider, vraiment. Sa proposition, toutefois, ne résolvait pas mon problème.

— Je me reposerai, mais... j'aimerais quand même parler de tout ça à la police.

Le docteur acquiesça.

— Je n'y vois pas d'inconvénients, dit-il posément, au contraire, si leur donner votre témoignage peut vous apporter la sérénité dont vous avez besoin, je ne peux que vous y encourager. Et s'il s'avère que ce que vous pensez avoir vécu est réel, vous aurez au moins secouru une personne. Il ne me reste plus qu'à vous souhaiter un bon rétablissement, Louise. Miss Fellows vous attendra à la réception pour la signature de l'autorisation de sortie. Bonne journée !

L'infirmière me sourit et quitta la chambre à la suite du médecin.

— 4 —

— Tu es sûre de ce que tu as vu ?

Presque endormie contre la portière de la voiture, la voix de mon frère me fit sursauter. Une lourdeur dans mes muscles ralentissait mes mouvements. Douloureusement percluse, je grimaçai en me redressant sur mon siège. Je me sentais capable de dormir cent ans tellement j'étais fatiguée, cependant, la lueur d'inquiétude que je lisais dans les prunelles de Marshall me mit en alerte. Il n'avait pas bronché lorsqu'en sortant de l'hôpital, j'avais insisté pour qu'il me conduise au poste de police le plus proche. J'y avais laissé ma déposition sous de nouveaux regards inquisiteurs et nous avions pris la route pour rentrer chez nous. J'espérais seulement que l'agent qui m'avait écoutée pendant près d'une demi-heure donnerait suite à mon témoignage au lieu de l'assimiler à des élucubrations de toxicomane. C'était bien la première fois de ma vie qu'on me confondait avec une camée, il suffisait de me voir cracher mes poumons à la moindre taf de cigarette pour comprendre que j'étais à mille lieues du costume qu'ils voulaient tous me faire porter.

— La fille dans le parc, renchérit Marshall voyant que je ne réagissais pas, tu es certaine de l'avoir vue ?

Il quitta un instant la route des yeux pour m'interroger. Une seule personne au monde pouvait se vanter de lire en moi comme dans un livre ouvert et c'était lui. Je n'avais jamais su lui mentir.

— Je... je ne sais pas...

La fatigue et la confusion faisaient monter des larmes que j'essayai vainement de contenir.

— Tout le monde semble me prendre pour une folle, alors...

La langue de Marshall claqua.

— On s'en fiche des autres, Lou, tu en penses quoi toi ?

Les souvenirs que j'avais de la veille étaient vifs, je me rappelais de la fraîcheur de l'air, des odeurs, des émotions terribles que j'avais éprouvées. Le sang poisseux sur mes mains, noir comme de l'encre. La détresse dans les yeux de cette fille, la pâleur de son visage et... cet individu au regard perçant qui avait fui en me voyant. Le criminel. Toutes ces réminiscences, aussi claires que du cristal, et pourtant...

— Si... s'il y avait eu une fille, comme tu dis, quelqu'un l'aurait trouvée, tu ne crois pas ?

En silence, je fixais mon frère, forcée de reconnaître qu'il n'avait pas tort. Mes convictions s'étiolaient, laissant place à un amalgame de pensées anarchiques. Aussi brûlantes que me parussent les images qui me revenaient en mémoire, je ne pouvais exclure l'inconnu qui manquait à l'équation. Ou plutôt l'inconnue, au féminin. La victime qui s'était volatilisée comme par magie avec toutes les preuves susceptibles d'appuyer mon discours. C'était bien trop gros, bien trop absurde pour continuer de m'obstiner à ce point. Je devais lâcher du lest, me rendre à l'évidence.

— Je n'arrive pas à comprendre ce qui a pu t'arriver, Lou, mais... cette fille, la scène que tu décris, ce n'est pas possible. On aurait retrouvé des preuves sinon. T'es d'accord ?

— J'imagine oui...

— Bien.

Bien. Ce n'était pas vraiment le mot qui convenait à la situation, mais c'était tout ce que nous avions sous la main. Nageant dans un océan de confusion, j'étais trop fatiguée pour tenter de remonter le courant. Je n'envisageais aucune explication plausible et y penser me paraissait plus compliqué encore que de gravir l'Everest. Alertée par les prémices d'une migraine, je décidai de prendre à la lettre les recommandations du médecin. Les paupières lourdes, je m'assoupis enfin, bercée par le vrombissement du moteur.

— *Bien*, entendis-je Marshall murmurer pour lui-même.

Ω

Il me sembla n'avoir fermé l'œil qu'une seconde lorsque Marshall gara la voiture devant chez nous. Vaseuse, je frottai mes paupières et bâillai à m'en décrocher la mâchoire. Je rêvais du moelleux de mon matelas ou d'une douche bien chaude.

La peau de mon visage me tiraillait tellement que je fonçai illico dans ma salle de bains. Nous en avions une pour chaque chambre, ce qui m'arrangeait bien étant donné le bordel continu qui régnait dans celle de mon frère. Je me débarrassai de mes guenilles sales et me prélassai sous la douche avant de me sécher avec une serviette propre. Cela ne semblait rien, mais ce confort était plus que bienvenu. Je commençais à me détendre et je comptais bien savourer ce moment au maximum.

Je me dirigeai vers mon lavabo avant d'être happée par mon reflet dans le miroir. Mon menton était râpé et ma lèvre inférieure boursouflée. Une main devant ma bouche, je clignai des paupières. Le gadin que j'avais pris avait dû être plus violent que je ne l'avais cru. C'était étonnant, d'ailleurs, que je n'aie pas perdu connaissance sur le coup.

Perdu connaissance...

J'écarquillai les yeux. Et si c'était le cas ? Si j'avais réellement perdu connaissance à ce moment-là, et non plus tard comme je l'avais pensé...

Cela signifierait que j'avais bel et bien *rêvé* ma sinistre rencontre avec la mutilée. Oui, cette hypothèse tenait la route, c'était même la plus raisonnable à laquelle on pouvait songer ! Cela expliquerait pourquoi la police m'avait retrouvée au pied de *Pike's Hill* et non dans le parc.

J'avais toujours eu une imagination extrêmement fertile, on me conseillait d'ailleurs d'écrire un roman ou un scénario de film pour cette raison. Mon subconscient n'avait donc eu aucun mal à matérialiser toute cette mascarade abracadabrante dans mon esprit. Le cerveau avait d'étonnantes facultés, je l'avais toujours clamé et je venais d'être témoin de l'une d'entre elles.

Rassérénée, je pus aller me coucher l'esprit tranquille. Il faisait encore jour lorsque je me glissai sous ma couette, mais j'étais si fatiguée que je ne tins pas compte de la lumière que diffusait ma fenêtre et m'endormis sans même prendre la peine de fermer mes rideaux.

Ω

Contrairement à ce que j'avais espéré, mon sommeil fut très agité. Il régnait dans ma tête comme un brouhaha incessant, des bruits insupportables accompagnés d'images psychédéliques et indescriptibles. Des couleurs, des lumières, des formes étranges... Et puis cette voix à double tonalité qui psalmodiait un discours incompréhensible dans une langue qui m'était totalement inconnue.

Tout ce vacarme me donna le tournis, à tel point que je fus réveillée en sursaut par une forte nausée. Je me ruai aussitôt dans la salle de bain et vomis tout ce que je pus. Une douleur au ventre me plia en deux.

La tête au-dessus de la cuvette, j'en étais à me demander si on ne m'avait pas jeté un sort.

Jeter un sort...

Merde.

Mrs Yale.

Tout s'expliquait ! Cette vieille sorcière avait voulu m'avoir ! Une agate pour me protéger, mon cul ! Furieuse, je retirai la bague de mon doigt et la posai sur le rebord du lavabo, me jurant d'aller la balancer à la flotte à la première occasion. Une chose était certaine, je ne ferais plus confiance à cette Carabosse de mes deux !

D'abord les hallucinations, puis les nausées…

Maudissant ma timbrée de cliente, je retournai m'asseoir sur mon lit, la tête entre les mains. Une vive douleur me barrait le front et le massage que j'appliquais sur mes tempes n'y changeait rien. Vaincue, je me couvris de mon kimono d'intérieur et sortis de ma chambre. La maison était calme, plongée dans la pénombre hormis dans la cuisine où dînait ma mère qui venait de rentrer de sa tournée. Il était environ 22h30 et elle visionnait un épisode de *Poldark* devant un bol de carottes râpées.

Dès qu'elle me vit arriver, son visage changea d'expression, passant de la nonchalance à une vive inquiétude. Elle s'essuya la bouche et se leva de sa chaise pour venir m'étreindre.

— Tu te sens mieux, ma chérie ?

Elle embrassa mes cheveux.

— Je n'ai pas pu rester avec toi à l'hôpital, mais…

— Ça va, maman, ne t'en fais pas, la rassurai-je. Marshall m'a dit pour Mrs Green, elle va bien ?

Le sourire de ma mère me fit du bien.

— Oui, oui… comme d'habitude, mais…

Elle arqua un sourcil

— Et toi ? T'as pas l'air dans ton assiette…

— J'ai juste un peu mal au crâne, grimaçai-je.

— Une migraine ? C'est sûrement la fatigue, tu veux que je te prépare un médicament ?

— Ça va, Maman, déclinai-je poliment, je vais me débrouiller. Mange, je vais venir m'asseoir un peu avec toi pour discuter.

C'était un rituel que nous observions depuis que ma mère avait choisi de reprendre sa profession en libéral. Fatiguée des contraintes qu'imposaient les hôpitaux aux infirmières, elle préférait de loin travailler pour son compte, malgré les sacrifices qu'elle devait faire sur son temps libre. Marshall et moi étions grands et pouvions désormais comprendre les choix de nos parents, tous deux très sollicités. Ni mon frère, ni moi ne leur tenions rigueur de leurs obligations professionnelles, nous avions appris à vivre avec.

Ces petits moments privilégiés, où nous nous racontions nos petites aventures quotidiennes, m'étaient très précieux. Un verre de soda pétillant à la main, je rejoignis ma mère pour profiter un peu de son temps. Son expression changea lorsqu'elle me saisit par le bras.

— Chérie, tu as enlevé ton bracelet ?

Ne comprenant pas immédiatement où elle voulait en venir, je fronçai les sourcils et baissai les yeux. Mon poignet droit, en effet, était nu, comme il ne l'avait plus été depuis mes huit ans, jour où ma meilleure amie m'avait offert ce fameux bracelet en macramé comme gage de son amitié éternelle. Je ne m'étais jusqu'alors pas aperçu qu'il manquait.

— Nimue et toi vous êtes disputées ? s'enquit ma mère, ne captant qu'à moitié mon attention.

Une bulle d'anxiété éclata dans ma poitrine lorsque l'image de la fille du parc me revint, ses doigts squelettiques faisant céder les fils de mon bracelet au moment où ils avaient tenté de me retenir.

— Lou, est-ce que ça va ?

La voix de ma mère, comme une force psychique, coupa la pellicule macabre qu'était en train de dérouler mon imagination. Peu secouée, je renouai avec la réalité, abritée par la même occasion sous le drap sucré du déni.

— Oui, répondis-je au bout de quelques secondes, je suis seulement un peu embêtée d'avoir perdu ce bracelet.

Me massant l'épaule avec compassion, ma mère se pencha pour embrasser mes cheveux.

— Je comprends, mais il était tellement vieux que les fibres ont dû casser sans que tu ne t'en rendes compte. Il est possible que tu ne l'aies pas senti tomber. Votre amitié est plus solide qu'un bracelet, d'accord ?

— Oui, tu as raison.

Se mentir à soi-même a un goût de miel si agréable qu'il est difficile d'y résister. Cette pensée parasite chassée de mon esprit, j'offris un éclatant sourire à ma mère.

— Parlons d'autre chose ! l'enjoignis-je. Dis-moi plutôt lequel de tes patients t'a fait tourner en bourrique aujourd'hui ?

Ω

Au bout d'une demi-heure de conversation, je tombais de fatigue et ma mère m'ordonna presque de monter me coucher. Je ne me fis pas prier et regagnai mon antre, passant d'abord par ma salle de bains pour m'y laver les dents.

En m'essuyant la bouche, un drôle de scintillement retint mon attention. Je remarquai alors de minuscules paillettes accrochées aux fibres de ma serviette. Comme de... la poudre d'or.

— C'est quoi ce bordel ? ne pus-je m'empêcher de me demander à voix haute.

Les sourcils froncés, j'essayai de comprendre la provenance de ces particules. Le médecin avait évoqué des paillettes qu'on aurait retrouvées sur mes vêtements, ma peau et mes cheveux, était-ce de cela qu'il s'agissait ? L'étrange poussière dorée avait également laissé une traînée sur le sol de ma douche, comme du sable après un après-midi à la plage. Je prélevai sur mon index un peu de cette poudre et l'examinai. Je n'avais jamais rien remarqué de semblable. Les paillettes que l'on trouvait en général dans les magasins dédiés à la fête ou aux loisirs créatifs étaient plus épaisses et plus scintillantes que celles-ci, plus ternes, plus brutes. Comme de microscopiques pépites que l'humidité semblait agglutiner.

Nous ne disposions pas d'une telle fourniture chez Crystals, aussi étais-je incapable d'imaginer comment cette poussière jaune avait atterri là. Cela défiait toute vraisemblance.

Les superstitieux, et ils étaient nombreux en Cornouailles

au vu du fort héritage celtique qui berçait encore nos générations, auraient blâmé les faës. Une hypothèse farfelue que je n'envisageais pas sérieusement, tout en étant forcée de reconnaître que je n'avais rien de plausible à mettre sur le tapis. Admettre que j'avais été victime d'hallucinations concernant la jeune femme de la veille était une chose, cela n'expliquait en rien la présence de cette poudre. Le mystère demandait à être éclairci et l'idée trotta si férocement dans ma tête que je balayai ma fatigue d'un revers de main.

Contrairement aux doutes réveillés en constatant la perte de mon bracelet, je ne pouvais ignorer cette poudre.

Je dévissai le bouchon de ma crème hydratante, j'y recueillis la matière que j'avais prélevée sur mon doigt avant de courir dans ma chambre pour attraper mon téléphone branché sur secteur. Je devais prendre en photo les résidus dans ma douche, pour ne perdre aucune preuve. Par texto, je donnai rendez-vous à mon Dr Watson en titre, ma meilleure amie Nimue. Comme la parfaite insomniaque qu'elle était, elle me répondit presque aussitôt, fixant un brunch pour le lendemain au *Gylly Beach Cafe*. Je convenais qu'une assiette d'œufs brouillés, accompagnée d'une tasse fumante de café et de la joie de vivre de mes amis, me ferait le plus grand bien. Je devais parler de tout ça à quelqu'un, sans quoi je finirais complètement folle à ruminer seule dans mon coin. Nimue, j'en étais sûre, serait maîtresse de la situation. Elle n'avait peur de rien, ou de peu de choses, et son ouverture d'esprit donnerait lieu à des hypothèses que je n'avais pas moi-même imaginées.

Ω

— 5 —

Je passai une bonne partie de la nuit à écrémer les pages internet. À l'instar d'une hypocondriaque, je multipliais les mots clefs sans trop savoir par où commencer. « Poudre d'or », « poussière dorée », « hallucination », « paranoïa », tout cela combiné ne donnait rien, ou trop de choses en vérité. Une toile tissée de millions de fils que j'eus du mal à suivre sans m'y emmêler. L'obstination laissant place à la lassitude, sur le coup des quatre heures du matin, je me retrouvai à grimacer devant une vidéo de la tonitruante *Polandbananasbooks* que j'éteignis rapidement, par crainte de me percer les tympans. Éreintée, je tentai de m'assoupir, mais fus réveillée plusieurs fois pendant la nuit. Des palpitations dans ma poitrine, l'angoisse.

Approchant de six heures et ne parvenant toujours pas à sombrer dans un sommeil paisible, je décidai de m'extirper du lit. Je marchai jusqu'à la salle à manger, fouillai à tâtons dans les placards à la recherche de mon petit-déjeuner. Munie d'un bol de céréales au miel arrosées d'un trait de lait, je me calai devant la télévision dans l'optique d'y regarder des débilités en attendant l'heure du brunch.

Ainsi, aux alentours de dix heures, je rejoignis Nimue, Bex et Caleb à notre repaire, sur le bord de plage de *Gyllyngvase*, à dix minutes du centre-ville de Falmouth. Face à la mer, la structure moderne du *Gylly Beach Cafe* offrait un havre de tranquillité pour ses clients. Les murs blancs, les baies vitrées ainsi que les boiseries et la terrasse extérieure conféraient une atmosphère cocooning à l'endroit.

Mes amis m'attendaient dans une alcôve, sirotant du thé

et patientant pour leur petit-déjeuner. Je passai la commande d'œufs Bénédicte au bar et m'avançai pour retrouver ma bande. Bex et Caleb, ensemble depuis deux semaines après s'être tournés autour pendant près d'un an et demi, étaient assis l'un à côté de l'autre. J'étais contente pour eux, Bex était une fille adorable, souriante et toujours prête à aider ceux qui en avaient besoin. Caleb, mon ami depuis le lycée, était clairement tombé amoureux d'elle le jour de notre rentrée en première année à l'université.

Mon amitié avec Nimue, quant à elle, datait du bac à sable. Ne connaissant pas meilleure amie au monde, j'étais toujours prête à la suivre, malgré son grain de folie et le fait qu'elle collectionnait les plans foireux. Le dernier en date : un certain Sevan, en quatrième année d'Histoire de l'Art, sérieusement perché lui aussi, mais sexy en diable. Je ne leur donnais pas trois semaines. Il n'était pas là aujourd'hui, il l'était rarement d'ailleurs...

Après les avoir salués tour à tour, je m'assis à côté de mon amie d'enfance, que mon arrivée sembla interrompre dans un discours pseudo-vegan et moralisateur. J'adorais Nimue, elle me séduisait toujours par son excentricité et ses idées plus ou moins engagées, mais je savais aussi qu'elle était frivole, et que la cause qu'elle défendait un jour pouvait parfaitement être celle qu'elle attaquait le lendemain, aussi ne préférais-je pas mettre mon grain de sel dans cette conversation.

— Donc je disais, reprit-elle après m'avoir gratifiée d'une accolade, la vache, elle n'a rien demandé ! Ni la poule d'ailleurs ! C'est pas normal qu'elle ponde autant en une seule journée, t'es pas d'accord Lou ?

Je haussai un sourcil, dubitative.

— Euh... aucune idée, me défilai-je sans scrupules.

— C'est vrai quoi ! persévéra ma meilleure amie qui parlait pour elle-même plus que pour nous, vous imaginez le traumatisme que c'est pour elle ? Et tout ça pour quoi ? Pour que nous, humains, puissions savourer nos pancakes et déguster nos omelettes tous les dimanches. Ça ne te révolte pas, Lou ?

Sérieusement, si on était fait pour gober des œufs, ça se saurait non ? On se mettrait à pondre ou je sais pas !

Il ne fallut pas un mot de plus pour que Bex, Caleb et moi partions dans un fou rire. Nimue déblatérait son plaidoyer en faveur des volailles avec tant de sérieux et de conviction qu'on ne pouvait s'empêcher d'être hilares. L'intéressée leva instantanément les yeux au ciel, nous qualifiant d'incultes, victimes de la société de consommation, ce qui ne fit qu'aggraver la situation.

— Tu n'es même pas vegan, Nim ! protestai-je en riant, arrête un peu !

Lorsque nos commandes arrivèrent et que mon assiette d'œufs Bénédicte fut déposée devant moi, Nimue me toisa longuement comme pour me défier de les manger. Je me redressai alors sur la banquette, posai une main sur mon cœur puis levai l'autre en l'air, tout cela de manière parfaitement solennelle et un rien exagérée.

— Bonjour, je m'appelle Louise et je suis addict aux œufs. Je n'en ai pas mangé depuis deux ans, mais aujourd'hui... (je simulai un sanglot pour plus de théâtralité) J'ai craqué.

— Boooonjooour Louiiiise, répondirent en cœur Bex et Caleb.

Nous nous esclaffâmes aussitôt, y compris Nimue qui prit finalement ma petite scène avec humour.

Ah, les amis... Ce que c'est bon de les avoir !

Ω

Malheureusement, les rires n'eurent sur moi qu'un effet passager.

Le reste de la matinée se déroula avec une banalité déconcertante. Rien ne changeait de nos habitudes. Ces conversations légères et ces blagues qui me contentaient d'ordinaire me parurent futiles et je guettais le moment où je me retrouverais seule avec ma meilleure amie. Comme une obsession, je ne parvenais à me sortir cette idée de la tête. J'appréciais Bex et Caleb, mais j'avais le sentiment de ne pouvoir partager ce qui m'arrivait qu'avec Nimue. Lorsque les amoureux nous quittèrent enfin, je proposai à mon amie d'enfance une promenade le long de la côte.

Le stress s'intensifiant, mon cœur tambourina dans ma poitrine. Je ne savais pas comment aborder le sujet, ni par quoi je devais commencer. Devais-je lui parler de la fille du parc ? De la poussière d'or ? Pas de détours, ce n'était pas nécessaire avec Nimue.

Les mains dans les poches, elle regardait l'horizon avec une sérénité qu'il me peinait de déranger. Inspirant profondément, je me lançai néanmoins.

— Nim, je peux te parler d'un truc ?

Elle pivota vers moi, un sourire toujours imprimé sur ses lèvres.

— Je… je me suis réveillée à l'hôpital hier matin.

La culpabilité me saisit lorsqu'une ombre passa sur son visage.

— Quoi ? Comment ça ? Tu vas bien ? C'est… pour ça que ton visage est tout égratigné ?

Avec difficulté, je rencontrai son regard. L'inquiétude que j'y décelais me mettait extrêmement mal à l'aise.

— Oui, mais ça va, la rassurai-je, j'ai… perdu connaissance en rentrant du travail, mais ce n'est pas vraiment de ça dont je voudrais te parler. Est-ce que… est-ce qu'on peut s'asseoir une minute ?

Ni le chant du ressac, ni l'air marin n'apaisèrent l'atmosphère tandis que je racontais ma mésaventure à mon amie d'enfance. Elle ne m'interrompit pas et je n'omis aucun détail. Au terme de mon histoire, Nimue garda le silence quelques secondes durant lesquelles je cessai de respirer.

— Ça craint...

Instantanément, la boule que j'avais dans la gorge se dégonfla comme un ballon de baudruche. Il existait une personne sur terre qui ne mettait pas en doute ma parole, qui ne me prenait pas pour une folle. Pour la première fois depuis deux jours, je me sentais légère. De nervosité, j'éclatai de rire, aussitôt suivie par mon âme jumelle.

— Qu'est-ce que tu comptes faire ? me demanda Nimue lorsque nous eûmes repris notre calme.

Je soupirai.

— Aucune idée... Je ne comprends rien à tout ça, mais ça continue de m'obséder.

Pinçant les lèvres, ma meilleure amie sembla réfléchir.

— Il faut qu'on aille voir.

Dubitative, j'arquai un sourcil.

— Il faut qu'on aille au parc, Lou ! Qu'on trouve un indice ou quelque chose. C'est le seul moyen qu'on ait pour éclaircir tout ça.

J'avais beau savoir qu'elle avait raison, la seule idée de prendre le chemin du parc pour enfants de *Pike's Hill* me donnait des vertiges. Les réminiscences de cette scène horrifique, encore bien vive, me paralysaient de peur. Si preuves il y avait, serais-je en mesure de les encaisser ? Je n'étais pas certaine d'avoir en moi la force nécessaire pour revivre cela, aussi féroce que soit mon désir d'élucider le mystère qui planait au-dessus de cette macabre nuit.

Pouvais-je, a contrario, laisser ce souvenir me hanter pour toujours ?

Il fallait percer l'abcès, en dépit de la douleur que cela impliquait.

— 6 —

Les hauteurs de *Pike's Hill* ne m'avaient jamais paru aussi insurmontables, je n'avais pas non plus imaginé la douleur que j'éprouverais à me tenir là. C'était à cet endroit très précis que tout avait basculé.

Intimidée, je ne pouvais me raccrocher qu'au soutien de Nimue.

— C'est ici que t'as entendu quelqu'un crier ?

L'écho lointain d'un hurlement me revint en mémoire, ébranlant le courage que m'avait insufflé ma meilleure amie en proposant cette folle expédition. Incapable de lui répondre, je me contentai de hocher la tête.

— Et tu as aperçu un homme en levant les yeux.

— Je... crois, oui.

— Ok. Donc, tu as eu peur, tu as couru et tu es tombée.

À nouveau, j'opinai.

— La police, ton téléphone qui tombe en rade...

— Quelqu'un qui crie encore, précisai-je.

— Là, tu te dis que tu devrais apporter ton aide à cette personne, tu remontes *Pike's Hill*.

Sans m'attendre, Nimue se mit à grimper, m'incitant à la suivre. Je ne traînai pas, par crainte de de rester seule dans une rue qui continuait de m'effrayer, même en pleine journée. Je me fis violence lorsque le chien du quartier aboya, comme il l'avait fait la nuit du drame. Nimue, à cet instant, stoppa sa course.

Mon cœur battait à m'en rompre les os.

Nous y étions.

À la lumière diurne, le parc me semblait différent. Les buissons chatoyants, le pépiement des oiseaux ne dressaient pourtant aucune illusion. Les images que j'avais en tête demeuraient encore trop virulentes pour que je ne me laisse berner.

— C'est maintenant ou jamais, m'encouragea Nimue qui avança la première.

Retenant mon souffle, je lui emboîtai le pas. Mes semelles crissaient sur le gravier, puis dans l'herbe que, deux jours plus tôt, j'avais vue souillée de sang jusqu'à en imbiber la terre. J'avançai avec la trouille de tomber sur un indice. Était-ce réellement une bonne chose de lever le voile sur ce qui s'était passé cette nuit-là ? Je nageais en plein doute.

— Lou, regarde !

Mon estomac se serra. Qu'avait-elle trouvé ? Je n'osais pas regarder. Du sang ? Une si grande quantité n'avait pas pu disparaître ! Il était certain que nous allions en dénicher la trace. Je ne voulais pas le voir. Je gardais encore à l'esprit son odeur âcre, sa texture poisseuse sur mes doigts.

— Il y a une espèce de... poussière d'or partout sur le sol, regarde ça !

Je pivotai sur moi-même et fut frappée à la poitrine d'un coup invisible. L'herbe du parc scintillait, couverte par endroits de la même poudre d'or que j'avais retrouvée dans ma douche. À choisir, j'aurais préféré du sang. Qu'est-ce que tout cela signifiait ? Cela n'avait aucun sens, aucune logique.

C'était trop.

La nausée me prit, je m'écartai. Je n'y arrivais pas. Je ne pouvais pas le faire.

Je voulais rentrer chez moi...

— Louise ?

L'ignominie de cette soirée me collait à la peau comme une marque indélébile. En porterais-je à jamais la cicatrice ?

Resurgirait-elle, comme un vil démon, au moindre chien qui aboie ? Serais-je contrainte d'éviter les parcs pour enfants durant le reste de mes jours ? Si cela n'avait pu être qu'un rêve.

— Louise, ça va ?

Sans m'en rendre compte, je m'étais assise par terre, les jambes repliées contre ma poitrine, les poings serrés dans mes cheveux. Je pleurais. Nimue, désemparée, s'accroupit près de moi. La main qu'elle posa sur mes épaules tremblait.

— Hé, Lou… si c'est trop dur pour toi, on s'en va, OK ?

Les sanglots me brûlaient la gorge, je ne répondis rien. J'étais tétanisée, mais Nimue avait raison, nous devions partir. Me violentant, je poussai sur mes bras pour me redresser et m'arrêtai net. Sous ma paume, il y avait quelque chose d'à moitié enseveli. Même maculé de terre et de fines particules dorées, je n'eus aucun mal à reconnaître mon bracelet.

Ω

De retour dans ma chambre, Nimue et moi tâchions de mettre au clair les indices que nous avions dénichés au parc. À l'issue de ma crise d'angoisse, nous avions aussitôt quitté le lieu, mais ma meilleure amie avait pris quelques clichés pour aider notre enquête.

— C'est drôle, commenta Nimue en faisant défiler les photos sur son smartphone, ni ta version, ni celle du médecin ne colle avec tout ça…

Je fronçai les sourcils, ne saisissant pas où elle voulait en venir.

— Comment ça ?

Haussant les épaules, ma meilleure amie attrapa sa tasse de thé, posée sur un plateau entre nous, et but une gorgée.

— La police est censée t'avoir ramassée au pied de *Pike's Hill*, non ?

J'acquiesçai en silence.

— Sauf que la poussière d'or se trouve au parc, ce qui signifie donc que tu y es allée ce soir-là puisqu'on en a également récupéré sur toi...

— Évidemment que j'y suis allée, Nim ! Une histoire pareille, ça ne s'invente pas non ?

Je me levai et fis les cent pas.

Nimue, calme, suivait mes allées et venues depuis ma fenêtre jusqu'à ma bibliothèque. Je me passai une main sur le visage, puis soupirai. Notre enquête ne faisait qu'empirer les choses, au lieu d'élucider le mystère, nous en créions un nouveau. Où tout cela pouvait-il bien nous mener ? Je n'en avais pas la moindre idée.

Mon attention se porta enfin sur ma meilleure amie qui me sourit avec bienveillance.

— Je dis seulement que ça prouve que tu y étais... Pour ce qui est de la fille, par contre, j'avoue ne pas trouver d'explications. Je ne comprends pas non plus comment tu as atterri en bas du quartier après coup...

Je ricanai, amère.

— Grâce à la poussière de fée peut-être ?

Éreintée, je me laissai choir dans le canapé encastré sous ma fenêtre en saillie. Les yeux rivés sur l'eau miroitante de la côte, je ne parvins pas à me calmer. La situation était totalement grotesque, rien ne tenait debout ! La découverte de Nimue ne menait nulle part, pire, elle m'embrouillait davantage. Je n'avais qu'une envie : tout laisser tomber, oublier cette histoire et mettre cette fichue poudre dorée au placard. L'ignorance, je commençais à m'en convaincre, avait du bon dans certains cas.

Préoccupée, je ne vis ni n'entendis Nimue s'asseoir près de moi, si bien que je sursautai lorsqu'elle prit la parole.

— Il est possible que tu aies oublié certains... détails de la soirée.

J'admirais la persévérance de ma meilleure amie, consciente qu'elle désirait m'aider. Je n'avais toutefois plus la force de me triturer l'esprit à la recherche d'une hypothèse de plus.

— Nim, je ne sais pas...

Il n'y avait pas meilleurs mots pour résumer les circonstances. Je ne savais rien et je n'étais pas certaine qu'il faille déterminer si j'avais rêvé ou oublié une partie des événements pour avancer. Dans les deux cas, notre enquête était vouée à stagner.

— Je pense qu'on devrait laisser tomber.

Ma décision alourdit aussitôt l'atmosphère. La déception de Nimue était palpable, si bien que j'évitai son regard. Elle observa un moment le silence, le temps, sans doute, de trouver la réplique adéquate.

— C'est comme tu veux Lou, je ne peux pas te forcer... Je veux simplement m'assurer que tu ne vas pas te pourrir la vie avec ça.

Je levai enfin les yeux vers son visage, dont la moue exprimait clairement de l'inquiétude. Mal à l'aise, je fixai plutôt l'horizon.

— Il est possible que j'aie rêvé de toute façon.

L'absurdité de cette phrase me frappa au moment où je la prononçai, mais je ne me résignai pas. Le soupir de ma meilleure amie, néanmoins, confirma mes craintes. Je sombrais dans la facilité, c'était évident. Quand les cauchemars devenaient plus simples à affronter que la réalité, fermer les yeux me semblait préférable.

Ω

— 7 —

Deux heures.

Cent vingt minutes.

Ce fut le temps que dura ma phase de déni, avant que je fusse rattrapée par une nuée d'interrogations… Là, en pyjama, figée devant le résidu de poussière d'or que j'avais préservé dans un couvercle de crème. La vérité était là, sous mes yeux. Face à mon reflet dans le miroir de ma salle de bains, je me rendis à l'évidence. Quoi qu'il se soit passé cette nuit-là, je ne pouvais plus me mentir. Cela me semblait impensable. Je me jetai sur la paire de jeans que je venais d'ôter, je dévalai presque aussitôt les escaliers de la maison. Tout en me rhabillant, j'informai mon frère que je sortais. Il faisait presque nuit et bien que j'appréhendais encore de me balader dans les rues obscures de Falmouth, je poursuivis.

J'évitai néanmoins de couper par le quartier de *Pike's Hill*, malgré le raccourci que m'offrait cette option. Je marchais si vite qu'on aurait pu me croire en fuite. Or c'était bel et bien la détermination qui guidait mes foulées.

L'esprit bouillonnant, je passai la plus grande partie du trajet à ressasser les pistes que nous avions relevées avec Nimue, cherchant un détail qui nous aurait échappé. Une faille dans laquelle m'engouffrer. Sans m'en rendre compte, je parvins à *Budock Terrace* et frappai aussitôt au numéro 115.

Ω

— Non, ses yeux étaient plus… enfin, je sais pas, moins bleus ! Non, pas comme ça. On dirait un vampire !

Ma meilleure amie soupira bruyamment.

— Sois plus précise, Lou ! « Bleu lagon », ça ne veut rien dire ! Au mieux, c'est un cocktail, au pire… une couleur qui n'existe que dans ta tête.

— Ça devient une habitude, ces choses qui n'existent que dans ma tête…

Les yeux de Nimue se plissèrent devant mon sarcasme de très mauvais goût. Penchées sur l'écran de son ordinateur, dans le programme « créer un *Sim* » de son jeu préféré, nous tâchions d'établir le portrait-robot de la fille du parc. Ce n'était décidément pas chose aisée.

— Bon alors, la peau pâle, blonde, les yeux bleus, on est bon ?

Le personnage virtuel me souriait béatement. Il n'avait rien en commun avec la jeune fille du parc. Je soufflai, désespérée.

— On dirait une poupée Barbie…

J'accusai le regard noir que me lança mon amie d'enfance avant de prendre les choses en main. Je me saisis de la souris, commençai à modifier les traits du visage de l'avatar.

— Y'a pas un mode « zombie » sur ton truc ?

Nimue pouffa. Tandis que je trifouillais sa création, elle partit nous chercher à manger. Je terminai mon œuvre au moment où elle revenait du restaurant indien installé en bas de sa rue. Le Sim n'était pas la copie conforme de la victime que j'avais secourue, mais elle s'en approchait assez, du moins, elle ressemblait au mieux à ce que j'avais en mémoire, ce qui n'était pas si mal.

— Bien, maintenant, on le poste sur ce forum… C'est ça, demandai-je ?

— Oui, mysteres-et-surnaturel.forumactif.co.uk

— C'est ça, et ensuite… on attend que quelqu'un nous… donne une réponse.

— Oui.

— Nim, je le sens pas…

— Ah non ! s'exclama ma meilleure amie, la bouche pleine,

en pointant son naan entamé vers moi. Tu ne vas pas encore te dégonfler ! C'est le seul moyen dont on dispose pour ouvrir des pistes. Toutes seules, on est bloquées !

J'étais d'accord avec son argument, néanmoins, je n'étais pas certaine que poster mon aventure sur un forum ouvert à tous les illuminés du pays était une idée judicieuse. J'imaginais le nombre de théories farfelues que nous allions récolter et en avais d'avance la migraine. Nimue était persuadée que nous saurions faire le tri. Quant à moi, j'espérais sincèrement qu'elle savait dans quoi elle nous embarquait.

— Bon, OK. Vas-y…

Ω

— 8 —

Une revenante.

C'est ainsi que je me sentais à l'idée de reprendre le chemin de la fac après une semaine de repos forcé. La sensation d'évoluer dans un univers qui ne m'appartenait plus me collait à la peau. Comme une ombre entre deux mondes. Je n'avais plus ma place, rien n'était plus comme avant. Une impression qui, j'en étais certaine, s'estomperait à l'instant même où la routine aurait refait son nid. Pour l'heure, je devais affronter ma classe, les regards inquisiteurs et les chuchotements, avec une boule dans la gorge.

Durant sept jours, mon quotidien s'était rythmé entre mes repas, les épisodes de mes séries préférées et les rafraîchissements compulsifs de la page du forum « mysteres-et-surnaturel. forumactif.co.uk ». Le retour à la normale était déstabilisant.

Comme je m'y étais attendue, le message que nous avions posté, Nimue et moi, avait déchaîné les illuminés. Une dizaine de commentaires par jour et des théories toutes plus loufoques les unes que les autres m'astreignaient à un tri minutieux. Ma meilleure amie restait persuadée que, dans ces détails farfelus, nous finirions par dénicher l'étincelle qu'il nous manquait.

Outre ceux qui évoquaient une projection astrale et ceux qui mettaient en avant la thèse du petit peuple, faës, lutins et autres farfadets, il y avait quelques personnes sensées dans le lot. Une certaine Artemisia07, notamment, réfutait chacune des hypothèses posées par les internautes en parant avec des arguments clairs et détaillés. Depuis le début, je me fiais à elle plutôt qu'aux autres, bien qu'elle n'ait proposé aucune solution à mon problème jusqu'alors. En une semaine, malheureusement, mes recherches n'avaient guère progressé. Le sommeil agité, je n'avais pas réussi à me requinquer.

En même temps que l'université, je devais reprendre mon emploi chez *Crystals*. Eileen avait engagé une intérimaire, mais Denise était toujours en arrêt ; la semaine avait été compliquée au magasin. J'appréhendais un peu la reprise, effrayée qu'en plus d'avoir à affronter une remarque de ma patronne, le cauchemar du parc ne me persécute via les souvenirs de la journée de travail qui l'avait précédé.

C'était absurde ! Vivre dans la peur n'était pas envisageable. Je n'avais pas envie de devenir ce genre de personne, sursautant à la première ombre qui coupe mon chemin, tremblant au moindre sifflement qui parvient jusqu'à mes oreilles. C'était difficile, cela me paraissait même insurmontable, mais je devais faire des efforts. Me terrer ou reculer n'était pas une solution.

Alors que je laçais mes Doc Martens, je me répétais un mantra, priant pour que l'effet Pygmalion agisse rapidement. *Aujourd'hui est un lundi comme un autre.*

Un lundi comme un autre...

Je rencontrai mon reflet dans le miroir de l'entrée, me toisai un moment, puis, soupirant, je me levai.

Ω

Campée au fond de l'amphithéâtre, je suivais mes cours d'une oreille, davantage préoccupée par les croquis que je réalisais dans la marge que par le discours de mon professeur. Je me laissais ainsi porter jusqu'à la pause déjeuner. Ennuyée par les regards insistants de mes amis, je pris les devants, un soupir aux lèvres.

— Je vais bien ! leur assurai-je en déposant mon club sandwich à peine entamé dans mon assiette.

Nimue boulottait un reste de curry sans s'émouvoir, mais Bex semblait préoccupée. La version qu'elle avait obtenue était différente de celle que j'avais donnée à ma meilleure amie :

j'avais fait un malaise en pleine rue en sortant du travail. Point. Il n'avait pas été question de fille mutilée retrouvée au milieu d'un parc pour enfants, ni même d'une étrange poussière d'or. C'était très bien comme ça, je n'avais aucune envie de passer pour la folle du campus.

— Quand même… tu imagines, si tu n'avais pas eu le réflexe d'appeler les secours ? Ça aurait pu être beaucoup plus grave !

À nouveau, je soufflai.

— Mais je l'ai fait, Rebecca. Ils m'ont trouvée, m'ont remise sur pied et ça fait une semaine que je tourne en rond, est-ce qu'on peut passer à autre chose ?

Je ne l'appelais jamais par son prénom, toujours par son diminutif. Cela dut lui mettre la puce à l'oreille. Mon amie pinça les lèvres et se para de son sourire habituel. Un sourire bienveillant qui illuminait ses yeux noisette.

— T'as raison ! fit-elle en balayant l'air avec sa main. Alors… vous avez prévu un déguisement pour la soirée de Duke ?

Je haussai un sourcil.

— Duke ? Duke Carter ? Le meilleur ami de Mar… SHAAAALL !

Au moment où je prononçai son nom, mon frère apparut derrière moi et ne résista à l'envie de pincer ma taille pour me faire hurler. Toute la cafétéria se retourna sur moi, ce dont j'avais horreur. Il le savait !

Avec la fierté d'un coq, il vint enfin s'asseoir entre ma meilleure amie et moi. Sur la table… Il me désespérait.

— Duke fait une soirée ? m'enquis-je auprès de lui.

— Pour Halloween, ouais ! me répondit-il avant de croquer dans une pomme qu'il avait piquée sur mon plateau.

Tournée vers Nimue, il fronça le nez.

— Tiens ! Petite fée des champs, tu es toute en mocheté aujourd'hui !

Ma meilleure amie, en guise de salut, le gratifia d'un

merveilleux doigt d'honneur. Les deux personnes que j'aimais le plus au monde se battaient toujours comme chien et chat. Les seules fois où j'y prêtais attention, c'était lorsque nous nous mettions à parier, ma mère et moi, sur la date de leur éventuel mariage.

— Donc on y va ?

Mon frère leva les yeux au ciel comme si une totale aberration venait de sortir de ma bouche.

— Quelle question ! surjoua-t-il en levant les bras au plafond. En plus j'ai déjà ton costume.

— C'est censé me rassurer ? pouffai-je.

Il ricana tout en se relevant.

— Aie confiaaaance, croiiiis en moiii... que je puisssse... veiller sur toiiii !

Tandis qu'il poussait la chansonnette au beau milieu de la cafeteria, je ne pus m'empêcher de rire.

Ω

Même sur le ton de l'humour, Marshall n'avait fait aucune promesse en l'air. Il veillait sur moi comme sur l'eau qui bout. Après les cours, j'avais repris mon travail à la boutique. Eileen me présenta la nouvelle venue, Jasmine Morgenstern, qui remplaçait Denise, toujours en arrêt. La réception de la marchandise, la mise en rayon, la confection d'une vitrine, l'accueil des clients ; tout l'après-midi, j'effectuais ces gestes-là machinalement, sans pensées obscures. Cette routine me rassurait. Il me sembla retrouver un semblant de normalité, mais l'illusion se dissipa lorsque j'aperçus, au moment de la fermeture, mon frère qui m'attendait, adossé à la devanture. J'aurais aimé être capable de rentrer seule, mais je devais bien admettre que je me sentais rassurée de le trouver là. Il raccrocha sa partie de *Clash Royal* pendant que j'abaissais le rideau métallique et vint à ma rencontre avec un sourire espiègle aux lèvres. Je devinai le fond de sa pensée.

— Je t'arrête de suite, Marshall, je ne lui ai pas demandé si elle était célibataire...

Mon frère se planta une lame imaginaire en plein cœur, une grimace exagérée placardée sur son visage.

— Pourquoi tant de cruauté ? geignit-il. Moi qui pensais que tu serais mon binôme de drague pour toujours... Voilà que tu me trahis, lâche !

Je levai les yeux au ciel tandis qu'il s'esclaffait. Jasmine, ma nouvelle collègue, était jolie. Mince et élancée, une chevelure châtain cascadant le long de son dos gracieux, elle correspondait parfaitement au type de Marshall. Je l'avais remarqué au moment où j'étais entrée dans la boutique. Si mon frère était là depuis un moment, il l'avait sans aucun doute vue partir, une demi-heure avant moi.

— Pourquoi ce n'est pas Duke, ton binôme ?

Les mains dans les poches, Marshall m'emboîta le pas.

— Parce que les nanas sentent le lourdingue venir à des kilomètres. Ça ne marche pas...

Je hochai la tête, bien forcée de reconnaître que son raisonnement avait du sens.

— Et tu penses qu'elles ne sentent pas venir la sœur d'un lourdingue ?

Marshall baissa les cils sur moi en pinçant les lèvres.

— Rooh, ça va ! Je plaisante ! pouffai-je.

Nous prîmes le raccourci dans la rue de l'aquarium, le chemin exact que j'avais emprunté ce fameux soir. Je tâchai d'oublier ça. J'avais décidé d'aller de l'avant et cela incluait de me faire violence quant à revenir sur ces lieux traumatisants. Marshall le faisait probablement exprès d'ailleurs. En toute honnêteté, je préférais retirer le pansement sur cette blessure lorsqu'il était là pour me soutenir.

La vue de *Pike's Hill*, que nous approchions, me fit frissonner.

C'est à ce moment-là que Marshall détourna mon attention.

— Y'a un type à la maison qui est venu pour te voir.

Je tournai le regard vers lui.

— Comment ça ?

Il haussa les épaules.

— Je sais pas, apparemment il a besoin de te parler. Il a dit qu'il était détective.

Un frisson me parcourut. Était-ce par rapport à ce que Nimue et moi avions écrit sur ce fichu forum ? La page avait été visionnée 6547 fois depuis sa publication, c'était beaucoup, mais pas impressionnant non plus. Sur les 7 milliards d'êtres humains que nous étions sur Terre, et les 64 millions au Royaume-Uni c'était peu. La probabilité qu'un détective soit tombé sur mon histoire était mince. Et pourtant...

Était-ce vraiment possible ?

Ω

— 9 —

La différence des deux images sous mes yeux était frappante. L'une, terrifiante, l'autre complètement insipide ; elles représentaient pourtant toutes deux la même personne. À cet instant, le portrait Sim que Nimue et moi avions conçu m'apparaissait à des années-lumière de la vérité. Le visage fin, rehaussé de pommettes saillantes et d'une pâleur de porcelaine, la jeune fille sur le deuxième cliché avait un regard perçant que nul n'était capable d'oublier. Que *j'étais* incapable d'oublier. Ce spectre récalcitrant me suivait comme une ombre.

— Je vois votre trouble, Miss Fawkes... Vous avez déjà vu cette personne, est-ce que je me trompe ?

Je levai la tête vers Angus Fitzgerald, détective, accoudé devant moi sur la table de la cuisine. Le « type qui était venu pour me voir », c'était lui. Grand, très grand même, puisqu'il dépassait largement Marshall qui mesurait déjà un mètre quatre-vingt-cinq, il présentait une carrure impressionnante, même assis. Il m'intimidait. Pourtant, son regard d'un vert délicat rehaussé d'or, le cuivre chaleureux de ses cheveux ainsi que le son de sa voix grave inspiraient une sincère bienveillance.

Je ne savais pas quoi dire.

Il le comprit aussitôt.

— Nous allons reprendre calmement les faits, d'accord ? Sentez-vous libre de m'arrêter si vous n'êtes pas à l'aise avec ce que je dis... Bien. D'abord, la déposition que vous avez laissée au commissariat de Truro, ainsi que le sujet que vous avez ouvert sur le forum « mysteres-et-surnaturel.forumactif.co.uk »... Ils font tous deux mention d'une jeune femme, blonde, aux yeux bleu lagon, que vous auriez tenté de secourir après avoir constaté sa détresse. Une main tranchée et une plaie à l'abdomen, je crois...

Je hochai la tête, incapable de faire preuve de plus d'éloquence.

— Vous avez appelé la police lorsque vous avez cru être témoin d'une agression, mais lorsqu'on vous a retrouvée, il n'y avait aucune trace de l'altercation. Ni personne à qui venir en aide, ni... corps.

Le sang battit dans mes tympans au moment où il prononça ce dernier mot, mais je tâchai de ne rien laisser paraître. J'étais néanmoins soulagée que ma mère ait été forcée de nous laisser, Marshall, le détective et moi, pour aller faire sa tournée du soir. Les mots qui sortaient de la bouche du détective étaient crus, brutaux, sans enrobage. Ils me percutaient de plein fouet et je n'étais pas certaine que ma mère les aurait supportés. Elle n'était au courant de rien et c'était mieux comme cela. Un choc de moins à gérer.

Se raclant la gorge, Fitzgerald croisa les doigts devant lui, le cuir de son blouson grinça dans l'opération.

— Vous souvenez-vous d'un détail ? Quelque chose que vous n'auriez mentionné ni lors de votre déposition, ni sur le forum... Vous ne parlez pas de l'agresseur, par exemple, l'auriez-vous aperçu ?

La question me surprit. Les yeux dans le vide, j'essayai de me souvenir.

— Vous avez évoqué une silhouette, souligna notre visiteur, rien de plus ?

L'image me revint comme un flash. L'homme avait sauté par-dessus le portail et m'avait regardée. J'avais essayé de le retenir, mais il avait détalé trop vite.

— De quoi vous souvenez-vous ?

Je clignai des cils.

— Il... était vêtu de noir. Plutôt grand. Les yeux noisette, je crois, ou jaune, je ne sais plus... Le visage... je ne m'en souviens pas. Je n'ai pas vu grand-chose.

C'était maigre. Aux lèvres pincées du détective, je devinais qu'il le pensait aussi. Hélas, je n'avais rien de plus à lui fournir.

— Vous précisez que la jeune femme n'était pas totalement inconsciente quand vous êtes arrivée, dit-il, le regard rivé sur ses notes, vous aurait-elle... parlé ? Aurait-elle dit quelque chose qui ait retenu votre attention ?

Je plissai les yeux, allai piocher dans les tréfonds de ma mémoire. Avec une moue désolée, je secouai négativement la tête.

— Elle avait... du mal à respirer. Je crois que c'est ce qu'elle essayait de me dire. Je ne me rappelle de rien d'autre. C'est...

Je me mordis soudain la joue et joignis mes paumes d'un geste nerveux. J'ouvris la bouche pour dire quelque chose, puis me ravisai aussitôt. Je ne parvins qu'à me focaliser sur une tache de rousseur, un peu plus grosse que les autres, qu'il avait sur l'arête du nez. Cela m'aida à garder contact avec la réalité.

Bouffée d'anxiété, je me rongeai l'ongle du pouce. Puis, j'aplatis mes paumes sur la table, les yeux rivés sur Fitzgerald.

— Attendez, vous... Tout ça, vous pensez que c'est vrai ? Vous me *croyez* ?

C'était la raison pour laquelle j'avais accepté que Nimue publie mon histoire sur ce fichu forum : trouver quelqu'un qui ne me prendrait pas pour une folle. Cela se réalisait, cet homme était bel et bien devant moi, à me demander des précisions sur ce qui s'était passé cette nuit-là. Sans aucune once de scepticisme ou d'une quelconque méfiance, il m'écoutait, prenait note de ce que je disais. J'étais à deux doigts de me pincer.

— Évidemment, dit-il avec flegme, pourquoi cela vous surprend-il ?

Un rire bref siffla entre mes dents.

— On ne pas dire qu'il y a eu foule jusqu'ici, avouai-je. Vous êtes le premier qui ne me prend pas pour une demeurée.

Un sourire sincère creusa une fossette sur sa joue. Il croisa les bras sur son torse et se cala sur le dossier de sa chaise.

— La fille sur cette photo s'appelle Lia Strömblad, une Suédoise de vingt-et-un ans. Ses proches ont fait appel à moi lorsque la jeune fille a disparu mystérieusement, il y a deux mois. La dernière fois qu'ils ont eu des nouvelles, elle posait le pied en Angleterre, pour des vacances semblerait-il.

Lia Strömblad. La fille du parc avait désormais un nom. Sur le cliché, elle souriait. Lumineuse, le regard doux, elle n'avait rien à voir avec la pauvre victime que j'avais secourue à *Pike's Hill*. Pourtant, c'était bien elle. Le nier m'était impossible tant l'évidence me frappait.

— C'est la jeune fille que vous avez vue, n'est-ce pas ?

— Oui.

Il n'y avait pas eu une seconde d'hésitation dans ma voix. Angus Fitzgerald parut surpris autant que moi de cet aplomb. Pour la première fois depuis plus d'une semaine, je ne doutais pas.

J'entendis mon frère jurer derrière moi. Pour lui, mon discours n'avait toujours été qu'une fabulation. Ni Fitzgerald, ni moi n'y prêtâmes intérêt.

— Cela fait des semaines que je suis sur les traces de Lia, des semaines que je guette les indices sans rien dénicher de concret... Alors, quand j'ai lu votre article sur ce forum, je n'ai pas pu fermer les yeux. Je suis persuadé que vous avez été en contact avec elle ce soir-là, et malgré les horreurs que vous avez décrites, il subsiste un espoir que quelqu'un l'ait secourue. S'il existe une chance infime de la retrouver, je dois la saisir.

Son implication dans cette affaire allait au-delà de la simple conscience professionnelle. Il n'était pas nécessaire de sortir de la cuisse de Zeus pour s'en rendre compte. L'ombre qui voilait ses prunelles dorées témoignait indéniablement de son inquiétude. Je devinais néanmoins que son caractère l'empêchait de se laisser dominer par la peur.

Il se racla la gorge et se pencha sur la table, réduisant l'espace qui nous séparait.

Il cherchait à rendre la conversation plus intime, il cherchait à ce que je me sente en confiance.

— Il reste un point que j'aimerais éclaircir avec vous, Miss Fawkes.

Ses iris mordorés paraissaient scruter mon esprit, je me sentis tout à coup très mal à l'aise.

— Vous dites que vous n'avez aucune idée de la provenance de cette poudre d'or présente au parc ainsi que sur vos vêtements... Serait-il possible que...

— Non, là, ça suffit !

Le tonnerre dans la voix de Marshall nous fit tourner la tête tous les deux. Appuyé contre la gazinière tout au long de l'entretien, il se tenait à présent debout, les poings serrés, les sourcils froncés. La simple mention de la poussière d'or l'avait fait sortir de ses gonds.

— Vous l'encouragez ! rugit-il en accusant Fitzgerald, elle... elle était parvenue à se calmer avec cette histoire !

La colère l'essoufflait autant qu'une séance de sport intensif.

Angus Fitzgerald me toisa un instant, avant de concentrer à nouveau son attention vers mon frère.

— Elle allait mieux, elle ne faisait plus de cauchemars, et vous vous pointez comme une fleur pour remuer le couteau dans la plaie ! Ce truc avec la poudre dorée, ça n'a pas de sens, c'est totalement absurde ! Laissez-la tranquille avec vos bizarreries et menez votre enquête tout seul. Elle vous a dit tout ce qu'elle savait.

Il y eut un silence, si pesant qu'on aurait pu en couper un morceau. Les deux hommes se défiaient du regard, comme des félins prêts à bondir au moindre mouvement de l'adversaire. Aucun d'eux ne semblait vouloir lâcher du lest. Observer ce combat muet n'avait rien d'agréable, si j'avais pu rétrécir et me cacher dans un trou de souris, je l'aurais probablement fait.

Fitzgerald mit fin au duel, sans s'avouer vaincu pour autant. Son attention se focalisa derechef sur moi. Il n'y avait aucune trace de véhémence dans son œil, mais une singulière douceur dont je me sentis aussitôt flattée.

— Cela vous dérangerait-il de me parler de ces cauchemars, Miss Fawkes ?

Je lançai un coup d'œil en direction de mon frère. La mine dure, il désapprouvait ouvertement la conversation.

— Je...

— Si vous préférez ne pas en parler, si ce qu'affirme votre frère est vrai et que... mon intervention vous perturbe, dites-le et je m'en irai.

— Je ne fais pas de cauchemar.

— Non, mais tu plaisantes, protesta Marshall, tu fais un boucan du diable dans ta chambre, tu te relèves la nuit ! Je dors juste à côté, Lou, j'entends tout !

Je n'avais aucun souvenir de ce qu'avançait Marshall au sujet de ces éventuels cauchemars qui auraient perturbé mon sommeil au point de me rendre somnambule. Je ne comprenais pas. Mon frère apparaissait complètement désemparé tandis qu'Angus Fitzgerald nous observait, dubitatif.

Comme la plupart des gens, je ne gardais en mémoire qu'un faible pourcentage de mes rêves. Le fait d'avoir oublié ces cauchemars n'avait rien de très étonnant, mais je n'avais jamais quitté mon lit en dormant. Que cela se produise à ce moment-là de ma vie, après ce que j'avais vécu dans le parc, était assez inquiétant. Pourquoi ne m'en apercevais-je pas ? Si je faisais du bruit, je devais bien attraper des choses, ou me cogner aux meubles, comment était-il possible de ne pas s'en rendre compte ?

— Avez-vous ressenti des maux de tête, Louise ?

C'en était fini du « Miss Fawkes » et pour une bonne raison : ses questions devenaient de plus en plus intrusives.

— Comment le savez-vous ? répondis-je aussitôt.

Il resta silencieux, analysant méthodiquement la situation comme le détective qu'il était. Il donnait cette impression-là, du moins. Se levant alors, il marqua de sa carrure impressionnante le point final de notre conversation.

— Les informations que vous m'avez fournies me sont très précieuses, Miss Fawkes, je vous remercie.

Avec un sourire, il tira de sa poche un vieux ticket de caisse et un stylo sur lequel il griffonna un numéro.

— Je veux que vous vous sentiez libre de me contacter, dit-il en me donnant le bout de papier, si vous avez le moindre doute, si quelque chose d'anormal se produit, appelez-moi.

— C'est ça, c'est ça, on y pensera, maugréa Marshall, pour l'heure, on ne vous retient pas...

Sautant sur l'occasion qu'il guettait depuis le début de l'entrevue, mon frère désigna la sortie à notre visiteur qui m'adressa un dernier sourire avant de partir. Restée seule dans la cuisine, je lus le numéro que m'avait laissé Angus Fitzgerald. Pour la première fois depuis des semaines, je m'autorisai à souffler. Un soutien, c'était exactement ce que venait de m'offrir ce parfait inconnu.

Ω

— 10 —

— Et sinon, il est beau gosse ou pas ?

Je soupirai tout en arrangeant une parure en lapis lazuli dans la vitrine de *Crystal*. Nimue, appuyée contre le comptoir, me regardait avec malice.

— Ce n'est pas vraiment la question, Nim ! Il est venu pour en apprendre plus sur ce qui s'est passé cette nuit-là, pas pour me draguer ou je ne sais trop quoi.

Trois jours avaient passé depuis le passage d'Angus Fitzgerald et je me sentais plus légère, délestée d'une lourde responsabilité. Quelqu'un d'autre que moi s'inquiétait pour la jeune fille du parc, quelqu'un de bien plus compétent et avisé. Ce poids avait quitté mes épaules. Par sécurité, cependant, je ne me déplaçais jamais sans m'assurer que le numéro de téléphone du détective était dans le fond de ma poche. Je ne l'avais pas encore enregistré sur mon téléphone, par peur que cela ne devienne trop concret, comme un numéro d'urgence dont j'allais irrémédiablement me servir. Je ne me sentais pas encore prête à l'accepter. Mais il était là. Un vieux ticket de caisse dans la poche de mon blouson. Juste au cas où.

— Et alors, ricana ma meilleure amie, tu as perdu le sens de la vue le jour de sa visite ?

Je levai les yeux au ciel, incapable de cacher mon sourire.

— Il est craquant, j'admets.

— Ah ! s'exclama-t-elle. Je le savais bien !

Nous pouffâmes de concert, avant d'être interrompues par la clochette de l'échoppe. Nimue se redressa tandis que moi, je demeurais bouche bée. Marshall était la dernière personne que je m'attendais à voir au bras de Jasmine, et pourtant...

Me pincer ne rimait à rien, j'étais parfaitement consciente que ce n'était pas un rêve.

Ma meilleure amie et moi échangeâmes un regard de stupéfaction. Je n'avais pas de chaise où m'asseoir et c'était bien dommage, car j'étais sur les fesses.

Ils sortaient ensemble ? Vraiment ? Depuis quand ?

Il me fallut un moment pour avaler l'information.

Elle l'embrassa, à m'en donner la nausée. Puis elle se dégagea de lui, enfin, non sans nous avoir servi un bon kilo de guimauves. Réalisant enfin ma présence, l'heureux élu m'adressa un sourire gêné et se racla la gorge.

— Je... je te récupère ce soir, Lou ?

Mon frère se souvenait de moi, fantastique !

J'avais connaissance de l'attirance que ressentait Marshall vis-à-vis de ma nouvelle collègue, il ne s'en était pas caché, mais j'étais loin d'imaginer que ce béguin se concrétise. Surtout si vite !

J'adorais mon frère, vraiment. Il était génial. Mais qu'avec moi.

Je ne souhaitais à aucune fille de s'attacher à lui, il finissait toujours par leur briser le cœur. L'amour apparaissait à Marshall comme un truc vaguement profond qui rendait les livres mielleux et les filles trop fleur bleue. Je n'étais pas certaine que Jasmine soit le genre de personne qui apprécie de servir de bouche-trou en attendant que mon frère ne tombe sur une opportunité plus alléchante. Ni assez patiente pour faire comprendre à cet idiot qu'elle était la bonne. Enfin, seule certitude, c'était que l'ambiance chez Crystal allait sensiblement se détériorer le jour où mon frère se lasserait.

Et bien sûr, j'étais encore celle qui allait payer les pots cassés.

— C'est quoi cette tête ?

Son culot me souffla. En répondant avec franchise, je risquais de cramer ses chances avec Jasmine, mais heureusement pour lui, j'étais maligne et trouvai une parade.

— Je... j'étais intriguée par les lentilles de Jasmine, c'est tout. C'est très joli.

L'intéressée fronça les sourcils, si bien que je me demandais si ma remarque n'était pas déplacée. Mon frère, amusé, échangea un regard avec sa petite amie.

— Les... euh... symboles. C'est vraiment beau.

Elle portait des lentilles fantaisies, ce qui ne m'étonnait pas au vu de son caractère extravagant et de son âme d'artiste. Certaines personnes préféraient leur iris en rouge, ou blanc pour se donner l'air de sortir tout droit des enfers. Ma collègue avait choisi quelque chose de plus discret, presque délicat. Une lettre grecque, l'oméga, luisait en filigrane dans ses prunelles brunes. Le symbole semblait se répéter en un motif subtil. Ce n'était pas le genre de chose que je pourrais adopter, mais je devais bien admettre que cela collait bien au personnage de Jasmine.

Elle me sourit avec gentillesse avant d'attraper un lot d'agates sur le comptoir pour se mettre au travail. Gênée, je me mordis la lèvre, sans trop savoir quoi faire. Marshall se racla la gorge, rompant ainsi le silence pesant.

— À ce soir !

— À ce soir, répondîmes ma collègue et moi d'une même voix.

Nimue me lança un regard qui me rassura au moins sur un point : je n'étais pas la seule à trouver cela bizarre.

— 11 —

Jasmine passait beaucoup de temps à la maison, la majeure partie enfermée dans la chambre de Marshall, évidemment. Malgré cela, un lien avait commencé à se tisser entre nous, à la faveur des tasses de thé que nous partagions ou de nos nombreuses discussions. Je l'appréciais vraiment, davantage que comme une simple collègue ou la petite amie de mon frère. Son extrême gentillesse la différenciait des autres et le sourire permanent qu'elle affichait donnait un élan de fraîcheur à mon quotidien.

Contrairement à mes amis, Jazz était entrée dans ma vie après les évènements de *Pike's Hill.* C'était étrange d'y penser de cette manière, mais c'était vrai. Je n'étais pas foncièrement différente depuis cette nuit-là, mon dos ne s'était pas couvert de plumes, je ne hurlais pas à lune et je n'avais pas non plus développé un goût irrépressible pour l'hémoglobine. Pourtant, j'avais le sentiment que quelque chose, un détail probablement insignifiant, avait changé dans ma vie. Mes convictions n'étaient plus tout à fait les mêmes, quant au monde qui m'entourait, il revêtait des couleurs que je n'avais jamais perçues auparavant. C'était difficile à expliquer, je n'en parlais pas. Ce flottement, je tâchais de m'en convaincre, était passager et l'amitié de Jasmine m'apportait une distraction bienvenue.

Le visage de la fille du parc ne me hantait plus autant qu'avant, je parvenais à rentrer seule du travail désormais. Au prix de grands efforts, j'avais même réussi à emprunter à nouveau le chemin de *Pike's Hill.* Cela n'avait clairement pas été une partie de plaisir, mais j'étais convaincue que ce mal avait contribué à ma guérison. Je dormais bien, si je cauchemardais, je ne m'en rendais toujours pas compte et c'était bien mieux comme ça.

Le poids que j'avais dans l'estomac avait par ailleurs presque disparu. Ma culpabilité s'était sans doute envolée avec la visite d'Angus Fitzgerald. Inconsciemment, j'étais rassurée. Une autre personne que moi se souciait du sort de la fille du parc, cette seule pensée me libérait l'esprit. Je faisais confiance au détective. J'imaginais qu'il poursuivait son enquête, espérais que les maigres détails que je lui avais fournis avaient permis de la faire avancer. Il finirait par la retrouver, si toutefois elle vivait encore...

En résumé, le cours normal de ma vie avait repris. Mes heures chez *Crystals*, mes cours et *X Factor* tous les samedis soirs. Comme à mon habitude, j'avais pris du retard dans mes devoirs. Cet après-midi-là, j'étais penchée sur *Cyrano de Bergerac* dont je devais rédiger un compte rendu pour mon cours de littérature étrangère. J'avais évidemment dû lire le dernier acte en diagonale par manque de temps et l'improvisation n'avait jamais été mon fort. Je détestais ce sentiment, avoir à inventer, broder autour de lignes que j'avais à peine survolées.

Je devais impérativement avoir fini avant la fin de l'après-midi si je souhaitais me rendre à la soirée d'Halloween de Duke Carter, attendue sur le campus de *Falmouth* comme l'une des dernières *White Parties* de St Tropez.

J'avais mal à la tête depuis que j'avais commencé à rédiger mon devoir et alors que je bloquais sur ma conclusion depuis une vingtaine de minutes, ce tambourinement s'intensifia. Une migraine, encore. Elles n'étaient pas rares depuis quelques semaines, sans doute me triturais-je trop l'esprit. Celle-ci était assez coriace.

Je tâchai de respirer lentement, pour reprendre mon calme, mais la douleur dans mes tempes devint insoutenable, je m'en griffais presque le cuir chevelu. M'extirpant de mon bureau pour me vautrer sur le lit, je ne pus lutter contre mes sanglots. La tête compressée dans un étau d'acier, j'avais la sensation qu'une main de fer grattait l'os de ma boîte crânienne.

Pour me soulager, je mordis dans mon exemplaire de *La tragique histoire du docteur Faust* abandonné sur mes draps, crispant mes poings sur l'ouvrage. Soigner le mal par le mal constituait mon dernier recours.

Malgré le risque de me casser une dent sur mon classique préféré, je sentis néanmoins mon mal de tête s'estomper. Je n'avais pas la moindre envie de bouger, lessivée par cette migraine carabinée. Je commençai à me calmer petit à petit, reprenant mon souffle.

Je desserrai les mâchoires, libérai le livre qui m'avait servi de mors. Celui-ci retomba lourdement sur ma poitrine. Trop lourdement. J'ouvris les yeux de surprise. À la place de la célèbre pièce de Marlowe se tenait un livre doré. L'objet était tordu et l'on distinguait même des marques de dents, à présent immuables, à l'endroit où j'avais broyé les pages. Au vu de son poids, je pouvais parier qu'il était fait d'or massif.

Je me redressai, m'assis en tailleur et examinai l'ouvrage de plus près. C'était tout simplement incroyable ! Le lingot que je tenais dans la main – et qui, au passage, pesait le poids d'un âne mort – observait les mêmes défauts que le livre de papier que j'avais lu une bonne douzaine de fois, la même déchirure sur le devant de la couverture, les mêmes rainures sur la tranche. Tout correspondait. Il s'agissait donc bel et bien de mon exemplaire, à la seule différence qu'il était désormais composé d'or pur.

Ω

— 12 —

— C'est forcément lié à ta rencontre dans le parc.

Levant les yeux vers ma meilleure amie, je ricanai amère.

— Non, tu crois ?

Le sarcasme dans ma voix était cinglant, davantage que je ne le souhaitais en réalité. L'angoisse, sans doute, parlait à ma place. Allant et venant dans la chambre de ma meilleure amie, j'essayais de maîtriser le flot de pensées qui me submergeait. Paume contre paume, je m'interdisais de toucher quoi que ce soit.

— C'est un cauchemar, Nim. Un cauchemar...

— Tu ne crois pas que tu dramatises un peu ? Il y a pire que de changer les objets en or et puis, voyons le bon côté des choses, nous savons maintenant d'où vient la poudre d'or !

Pour une avancée, c'était une belle avancée ! La situation, pourtant, s'était aggravée. Auparavant, j'avais des interrogations et pas de réponses. À présent, ces réponses engendraient des problèmes. S'agissait-il d'une boucle infernale et sans fin ? Quelle épée, ce sadique de Damoclès, allait-il encore faire tomber sur moi ? Je n'étais pas certaine d'avoir les épaules suffisamment solides pour le supporter.

— Je transforme tout ce que je touche, Nimue ! D'abord le livre, les papiers qui traînaient dans mon sac, mes clefs et mes Doc Martens !

Mon amie hocha la tête en pinçant les lèvres.

— Au moins elles sont collector maintenant, je suis sûre que tu peux en tirer un bon prix sur eBay...

Le regard en biais que je lui lançai la découragea de continuer sur ce terrain.

— Sans rire, Nim, tu imagines si au lieu du livre, j'avais changé ma mère ou Marshall en or… J'arrête pas d'y penser, ça me terrifie ! Je t'assure que ce truc est totalement incontrôlable.

En quelques enjambées, Nimue me rejoignit et se planta devant moi. Me saisissant les bras, elle me secoua.

— Lou, arrête de flipper ! Tu imagines le pire, mais ça n'est pas arrivé d'accord ? Ce sont un livre et quelques objets qui ont morflé, pas tes proches, OK ?

Crispée, je gardai les mains plaquées l'une contre l'autre, priant pour que les fibres de mes jeans demeurent intactes. J'entendais les arguments de ma meilleure amie, forcée de reconnaître la vérité, cependant, je ne pouvais me rassurer alors qu'elle se trouvait si proche de moi. Si le drame ne s'était pas produit avec ma famille, je ne souhaitais pas pour autant risquer que cela lui arrive à elle. Gentiment, je lui demandai de s'éloigner et allai prendre une longue bouffée d'air à la fenêtre. Elle me laissa tranquille un moment durant lequel je tâchai de me concentrer sur le mouvement des vagues que j'apercevais au loin. La maison de Nimue était plus éloignée de la côte que la mienne, mais la vue était tout aussi apaisante. Du moins, en temps normal. Pour l'heure, j'affrontais quelques difficultés pour retrouver mon calme.

Tout s'était déroulé si vite, je n'avais pas pris le temps de réfléchir. À peine le poids d'or retombé sur ma poitrine, j'avais filé chez Nimue complètement paniquée. Les interrogations se bousculaient. Je savais que j'avais provoqué tout cela, mais par quel miracle ?

La fille du parc m'avait transmis ça, j'ignorais comment, mais c'était la seule chose dont je pouvais être sûre. Pour quelle raison avait-elle agi ainsi, m'avait-elle choisie au hasard ? Parce que je passais dans le coin. Que signifiait ce pouvoir ? Faisait-il de moi une sorcière ? Un mutant comme dans X-men ? Ou juste une nana paumée qui risquait de piéger dans un cocon d'or massif tout ce qui avait le malheur de lui tomber sous la main ?

D'instinct, je penchais pour la troisième option.

Je serrais les dents pour tenter de faire passer la boule qui s'était formée dans ma gorge quand un bruit sourd me fit tourner la tête. Ma meilleure amie, en s'efforçant de soulever le livre en or, l'avait fait tomber sur le plancher.

Sur son visage se dessinait cette moue enfantine qu'elle affichait lorsqu'elle ne savait pas quoi dire.

— C'est quand même dingue, non ? fis-je pour elle.

À nouveau, cette expression sur sa figure. Il n'était pourtant pas aisé de rendre ma meilleure amie muette. Mon frère aurait donné n'importe quoi pour posséder ce pouvoir, cette brève pensée me détendit quelque peu. Je m'approchai et attrapai le bloc d'or sur le sol.

— Ça donne quoi si on tape « changer les objets en or » sur Google ?

Nimue s'éclaircit la gorge et tourna l'écran de son MacBook vers moi.

— Je l'ai fait tout à l'heure et les trois premiers résultats parlent d'alchimie, du mythe du roi Midas et de la pierre philosophale.

Je soupirai.

— Évidemment... avec ça on est très avancées.

À son nez retroussé, je devinais qu'elle partageait mon avis. Les hypothèses étaient maigres.

— T'es peut-être alchimiste.

Je ricanai.

— Et il ne faut pas... faire des expériences compliquées pour pratiquer l'alchimie ?

— Qu'est-ce que j'en sais, se défila ma meilleure amie. Dans les jeux vidéo ou les romans, peut-être, mais en vrai, j'en ai aucune idée. D'ailleurs... comment t'as fait toi ?

Me grattant la tête, j'essayai de m'en souvenir. Je n'avais rien fait. Rien maîtrisé du moins. Hormis cet odieux mal de tête qui m'avait brusquement assaillie, j'avais ressenti une étrange chaleur sous l'épiderme et un picotement dans mes phalanges. Comment provoquer cette sensation ? Je n'en avais pas la moindre idée.

— Essaie, m'encouragea Nimue, on verra bien.

Convaincue par son regard, je m'emparai du crayon à papier qu'elle me présentait, évitant soigneusement d'entrer en contact avec sa peau. Après avoir roulé entre mes doigts, le fin morceau de bois se cala dans ma paume. Je fermai le poing et inspirai longuement pour mieux me concentrer. J'attendis. Me figurai le résultat. Fermai les yeux. Après plusieurs minutes, le crayon était toujours intact. Je le balançai sur son lit et soupirai.

— Je ne sais pas comment faire, m'énervai-je, ce que je sais, par contre, c'est que c'est totalement incontrôlable !

À sa figure, je vis qu'elle était aussi désemparée que moi.

— Ouais, c'est gênant, admit-elle, très gênant.

Je dodelinai de la tête, ne voyant pas l'intérêt de paroles face à ce que j'éprouvais.

— Je crois qu'il faut que tu te fasses aider, Lou. Je ne peux rien pour toi, moi.

— Par qui, m'agaçai-je, un psy ? Il me ferait enfermer après la première séance !

Nimue leva les yeux au ciel comme si je venais de débiter la pire des conneries.

— Bien sûr que non, mais je crois que tu devrais contacter le détective.

— Angus Fitzgerald ?

Maintenant qu'elle l'évoquait, je me demandai pourquoi je n'y avais pas pensé plus tôt. Il m'avait pourtant clairement spécifié qu'au moindre problème, je devais m'adresser à lui. J'avais peur, la contraction dans mon estomac en témoignait, mais c'était de loin la plus brillante idée que Nimue avait eue depuis l'article du « mysteres-et-surnaturel.forumactif.co.uk », et de loin notre meilleure option.

Gonflant mes poumons à bloc, je téléphonai au numéro, conservé dans une poche de mon sac, que mon amie me dicta.

— 13 —

Pour la première fois de ma vie, je fixais une part généreuse de cheese-cake sans avoir la moindre envie de la manger. Mes pensées étaient dirigées ailleurs et je ne trouvais pas l'appétit. À en juger par l'impressionnante bouchée de forêt noire qu'Angus Fitzgerald engouffra dans sa bouche, ce n'était pas le cas de tout le monde.

La table que nous avions choisie était un peu à l'écart et nous accordait l'intimité dont nous avions besoin pour discuter. Heureusement pour moi, il avait pu se libérer dans l'après-midi. Je n'avais pas été précise au téléphone, il savait seulement que j'avais besoin de lui parler. Ce qui ne m'arrangeait qu'à moitié, car je n'avais aucune idée de la manière dont je devais aborder la conversation.

— Vous... avez déniché une nouvelle piste en ce qui concerne Lia Strömblad ?

Ses iris mordorés me toisèrent à travers une fine frange de cils noirs, tandis qu'il avalait une rasade de Coca-Cola.

— Vous semblez nerveuse, Louise, dit-il en s'essuyant la bouche, est-ce que je peux faire quoi que ce soit pour vous venir en aide ?

J'ignorais s'il avait dit cela pour éluder ma question ou pas pure bienveillance, mais peu importait. Il avait engagé la conversation pour moi et ce qui était déjà un grand pas.

— Il s'est passé quelque chose, dis-je sans détour.

Les sourcils du détective se froncèrent, tandis qu'il me questionnait du regard.

— Dites-m'en plus.

Je frottai nerveusement mes paumes l'une contre l'autre, sans savoir par où commencer.

— La... la poudre d'or dont je vous ai parlé. Je pense que c'est moi qui l'ai... provoquée.

C'était encore plus étrange à dire qu'à penser. Je ne pouvais m'empêcher d'imaginer qu'il me prenait pour une demeurée. De toute façon, je n'étais pas tout à fait certaine d'être saine d'esprit.

— Je ne crois pas, non.

Le ton catégorique de sa voix me coupa net.

— Euh... pardon ?

— Je ne doute pas que vous ayez développé une certaine... disons, faculté, récemment. J'étais même persuadé que cela arriverait tôt ou tard, la question était simplement de savoir quand. Je dois reconnaître que cela a été plutôt rapide. En ce qui concerne cette fameuse poussière d'or, ceci dit, je ne pense pas que vous soyez responsable.

Il savait que j'allais changer les objets en or ? Était-ce pour cette raison qu'il m'avait donné son numéro ? Pourquoi ne m'avait-il pas prévenue ? Ceci dit, je devais bien admettre que s'il m'en avait parlé plus tôt, je ne l'aurais probablement pas cru. Un point pour Fitz.

Je pris une longue inspiration. Perdre mon sang froid était la dernière chose dont j'avais besoin.

— Si cela ne vient pas de moi, alors qui ?

— Lia.

J'écarquillai les yeux de surprise.

— Ce genre de phénomène n'est pas commun, je vous l'accorde, mais on ne peut pas l'exclure pour autant. Je crois que la poussière a jailli inconsciemment du pouvoir de Lia lorsqu'elle vous l'a transmis.

C'était donc bel et bien à cause de la fille du parc si je me retrouvais avec cette malédiction au bout des doigts. Jusqu'alors, je n'avais pu qu'émettre une hypothèse, j'avais à présent une preuve – tout du moins un témoignage. Au fond, peu importait l'origine de la chose, je n'avais qu'une envie : qu'on m'en débarrasse.

— Je pense qu'une partie de son sang, également, s'est changé en poussière d'or. Cela expliquerait pourquoi la pelouse du parc se trouvait totalement immaculée malgré les blessures que vous avez mentionnées.

— C'est... possible, ça ?

Il hocha la tête, puis prit une nouvelle gorgée de soda, laissant à mon esprit le temps de gamberger.

— Avez-vous entendu parler du roi Midas, Louise ?

Donc, ça n'avait rien à voir avec l'alchimie. OK...

— Un homme capable de changer les objets en or, lui aussi ?

— Ce don fut offert à Midas, roi de Phrygie, par Dionysos, dieu de la...

— Je sais qui est Dionysos.

Encore la veille, il en était question dans l'épisode de *True Blood*. Dionysos, ou Bacchus, un dieu qu'avaient inventé les ivrognes et les bons vivants pour se donner bonne conscience, bénissait le vin, la démesure et le théâtre.

— Oui... Donc, poursuivit Angus avec calme, Midas reçut ce don du dieu en remerciement de l'hospitalité offerte à Silène, le père adoptif de Dionysos.

« Midas, au départ ravi d'un don si majestueux, se rendit rapidement compte du double tranchant de celui-ci. Le roi transformait sans le vouloir nourriture et boisson en or. Lorsque la faim le tirailla de trop, il vint quérir la divinité, suppliant qu'on lui reprenne ce pouvoir. Le dieu lui conseilla d'aller se laver les mains dans les eaux du Pactole.

— Le Pactole ? me moquai-je, on dirait un jeu de mots de mauvais goût !

— Midas fut finalement délivré, continua Fitzgerald sans

tenir compte de ma remarque.

Il marqua une pause, comme pour donner plus de corps à son histoire. Les coudes sur la table, il se pencha en avant, prêt me confier un secret.

— Il existe néanmoins un détail que la plupart des légendes désapprennent, mais qui a pourtant toute son importance.

« Asylis, jeune esclave au palais de Midas, suivit discrètement son roi et observa, depuis sa cachette, l'entreprise de ce dernier. Après la retraite du roi, Asylis accourut sur les rives du cours d'eau et se gava de son flux. Ainsi, Asylis recueillit en elle le don de Midas.

— Sérieux ? m'étonnai-je. En buvant l'eau d'une rivière ? Toute l'eau ?

Fitzgerald hocha la tête.

— C'est ainsi qu'Asylis est devenue ce qu'on appelle une *Souffleuse*. Elle est la gardienne du *Souffle de Midas*, autrement dit.

Je pris le temps de digérer ces informations. Angus Fitzgerlad tenta de me prendre la main, mais je me retirai vivement.

— Je peux vous aider, Louise, m'assura-t-il d'une voix douce. Vous n'êtes pas seule.

— Comment se fait-il que vous sachiez tout ça ? fis-je inquisitrice, vous n'êtes pas...

— Détective ? termina-t-il pour moi. Si, mais pas seulement. Disons que je suis une personne sur qui vous pouvez compter.

S'il le disait...

— Donc, je suis une *Souffleuse*, dis-je après un silence.

Il opina.

Merde.

J'avais été souffleuse, une fois. Trop timide pour jouer un personnage dans la pièce de l'école, on m'avait reléguée à ce rôle. Une expérience désastreuse. Cela n'avait strictement rien à voir ici, mais le résultat, j'en avais peur, ne changerait pas.

— La passation de votre don s'est faite dans la précipitation, la cérémonie a dû être occultée. Je suis persuadé que Lia a eu une bonne raison d'agir ainsi, mais le fait est qu'il vous manque une formation, des connaissances. Vous êtes complètement novice et je me doute que vous n'avez jamais eu conscience, ne serait-ce que de votre glyphe passif. Ne vous inquiétez pas, je ferai tout ce que je peux pour...

— Je ne veux pas.

Mon interlocuteur sembla avaler sa salive de travers. Je ne lui laissai pas le temps de répliquer.

— Il doit y avoir un moyen de... de... je sais pas, de le donner à quelqu'un d'autre !

Ses yeux brun-vert me scrutèrent avec intensité, comme pour s'assurer que je n'étais pas devenue folle. Si ce que je disais lui paraissait totalement absurde, ce n'était pas mon problème. Je ne voulais pas de ce don et n'en voudrais jamais ! Au contraire, je désirais plus que tout retrouver une vie normale. Sans pouvoir, sans cauchemar, sans maux de tête.

— Louise, vous ne pouvez pas vous en séparer, contesta Fitzgerlad d'une voix grave, cela fait partie de vous désormais. Je vous le répète, vous n'êtes pas seule. Nous pouvons vous aider. *Je* peux vous aider. Accordez-moi votre confiance, je peux vous conduire jusqu'à Hestiapolis où vous apprendrez à maîtris...

— Vous ne comprenez pas ! le coupai-je, véhémente. Je ne veux pas de ce souffle de machin-chose, d'accord ?

— Baissez d'un ton, Louise, tout le monde vous regarde.

Je balayai sa remarque et me levai de ma chaise d'un mouvement brusque. Les pieds en bois crissèrent sur le carrelage du café, attirant encore plus l'attention sur moi. Ça n'était pas prévu, mais cela me donnait au moins un avantage : avec le nombre de regards fixés sur notre table, Angus Fitzgerald allait devoir réfléchir à deux fois avant d'agir. Si je décidais de partir, il ne tenterait rien pour me retenir, j'en étais persuadée.

Ne poussant pas le vice jusqu'à me donner en spectacle, je

me penchai vers le détective et repris d'une voix plus calme.

— Je ne suis pas la personne que vous recherchez, lui assurai-je le souffle court, tout ce que vous dites est absurde. Je ne veux pas de ce pouvoir ! Vous voulez m'aider ? Trouvez le moyen de m'en débarrasser !

Son visage changea d'expression lorsqu'il leva les cils vers moi. De la colère passa dans ses prunelles tandis qu'il contractait la mâchoire. Visiblement, je l'avais contrarié. Sans la moindre note d'humour, il laissa siffler un rire entre ses dents serrées.

— Je ne vois pas pourquoi je m'obstine à tenter de vous expliquer, vous n'écoutez pas !

Il se recula, faisant craquer le dossier sur lequel il venait de s'appuyer sans la moindre délicatesse. Toute bienveillance semblait avoir quitté son visage, il perdait patience. J'avais moi-même fait preuve de rudesse, mais l'attitude qu'il adoptait soudain me choqua. Je ne m'étais pas attendue à un tel revirement de sa part. Peut-être n'était-il pas si magnanime que je me l'étais figuré, peut-être avais-je fissuré sa coquille.

— Je ne peux pas prendre de décision à votre place, reprit-il alors.

Son ton était calme, comme s'il avait compris que je l'avais percé à jour.

— Il ne tient qu'à vous de saisir la main que je vous tends. Tant que vous n'aurez pas compris cela, je ne peux vous aider.

Le voyant enfiler son blouson de cuir et attraper son portefeuille dans la poche intérieure de ce dernier, je fus prise d'un élan de panique. Il ne pouvait pas m'abandonner. Pas comme ça ! J'avais besoin de lui. Il était la seule personne capable de m'aiguiller sur ce qui m'arrivait. Nos opinions divergeaient, mais j'étais certaine que nous déboucherions sur un terrain d'entente à force d'échanges.

— Mais...

— Il m'est impossible de vous libérer du souffle, pour le moment du moins, mais je peux vous permettre d'apprendre à vous en servir, à ne plus subir ses caprices. Revenez me voir lorsque vous serez prête. Mais faites bien attention, le bruit se répandra vite quant au fait que Lia n'est plus la Souffleuse, et ceux qui convoitent votre don sont plus nombreux que vous ne l'imaginez. Ouvrez l'œil et surtout, je vous en prie, soyez discrète.

Il déposa un billet de dix livres sur la table et m'adressa un sourire.

— Emportez cette part de cheese-cake chez vous, ce serait dommage de la gâcher.

Il tourna enfin les talons et me planta là, avec l'esprit encore plus embrouillé qu'avant le début de notre entrevue.

Je retombai mollement sur ma chaise, démunie.

Qu'étais-je censée faire à présent ?

Ω

— 14 —

J'aurais pu rentrer chez moi et m'enfermer dans ma chambre sans répondre à personne, ni m'inquiéter de ce qui se passait au-dehors, mais cela n'aurait rien changé à mon problème. Mes soucis ne se trouvaient pas à l'extérieur, mais en moi. Même lorsque je marchais dans la rue avec les mains dans les poches, mes genoux tremblaient à l'idée que le tissu de mon blouson ne se change en or sous les yeux des passants. Le pire dans cette histoire était que je ne pouvais jamais baisser la garde, pas même dans la douceur de mon foyer. L'éventualité de provoquer une crise cardiaque chez ma mère en déclenchant mon pouvoir au petit déjeuner me hantait. La trouille ne quittait pas mon estomac et pourtant, j'avais décidé d'aller à la soirée d'Halloween de Duke.

J'avais donné ma parole à Marshall le matin même, et l'apparition de mon don durant l'après-midi n'y changeait rien. Il s'acharnait depuis des semaines pour confectionner nos costumes. Un dévouement qui ne pouvait être ignoré, compte tenu de l'effort qu'il avait fourni pour se servir de fils et d'aiguilles. Me cloîtrer dans ma chambre, par ailleurs, ne ferait qu'éveiller des soupçons dont je n'avais pas besoin. La soirée s'annonçait longue, très longue.

Cette intuition me traversa à nouveau lorsque je revêtis finalement mon minishort en jean, mon crop-top jaune et mes bretelles rouges. Avec un soupir, je levai les yeux vers mon frère qui lançait une *pokéball* en l'air, allongé sur mon lit.

— Je vais me taper la honte avec ça !

Soulevant la visière de sa casquette rouge et blanche, Marshall du Bourg-Palette me toisa, puis en plissant les narines, se mit à rire.

— Moi je te trouve adorable, objecta-t-il tout sourire. Je sais que la mauvaise foi fait partie du personnage, mais ne te sens pas forcée de pousser le mimétisme à l'extrême !

Je pouffai malgré moi. L'humour de mon frère avait au moins l'avantage de me changer les idées. Il attrapa son sac à dos, duquel dépassaient des oreilles de Pikachu et y rangea sa balle bicolore avant de redresser son mètre quatre-vingt-cinq. Il frappa dans ses mains pour m'indiquer qu'il était l'heure de partir.

— Allez, Misty-Louise, attrape ta bicyclette, on y va !

Riant de plus belle à sa référence, j'arrangeai ma couette rousse sur le côté de ma chevelure, calait un Togepy en peluche sous mon bras et suivit mon dresseur de frère jusqu'à sa voiture.

Ω

En chemin, nous prîmes Bex et Caleb, respectivement travestis en Princesse Raiponce et D'Artagnan, avant de faire un détour chez Nimue qui, sans réelle surprise, était habillée en rouge de la tête aux pieds, arborant un écriteau « Je suis un cadavre, mangez-moi, cannibales ! » sur la poitrine. Lorsqu'elle monta dans le véhicule, un rire nous échappa.

— Je suis un morceau de barbaque ! s'offusqua-t-elle devant notre manque d'empathie. Une tranche de bœuf arrachée de la carcasse d'une pauvre bête sauvagement assassinée ! Je dénonce une aberration !

Marshall ricana, jetant un regard par-dessus son épaule.

— C'est ça, WonderVegan, attache plutôt ta ceinture et on verra pour la suite.

Quand nous arrivâmes, Duke était débout sur la table de jardin, le torse nu, un tartan cornish jaune et noir sur les hanches. Une musique lancinante, s'élevant depuis les portes et les fenêtres ouvertes, entraînait les convives. Il était à peine vingt-deux heures, mais la fête battait son plein.

Me frayant un chemin à travers la foule déguisée, je faillis perdre un œil à cause d'un Harry Potter un peu trop éméché pour manier convenablement sa baguette. L'esquivant de justesse, je parvins, avec les autres, jusqu'au maître de cérémonie. Duke nous aperçut et sauta aussitôt de son perchoir pour venir donner l'accolade à Marshall qui la lui rendit chaleureusement. Après quoi il nous salua brièvement, mes amis et moi, puis nous proposa de déposer nos bouteilles d'alcool dans la cuisine. Mon frère, un litre de Sobiesky dans chaque main, m'ouvrit la voie. Étant donné la récurrence des *house parties* de son meilleur ami, mon frère connaissait les lieux comme sa poche et nous guida comme s'il était chez lui.

Dans le salon se jouait une partie de *Guitar Hero* endiablée, visiblement doublée d'un jeu de boisson, tandis que dans la cuisine s'amoncelaient assez de bouteilles d'alcool pour désinfecter sols, murs et plafonds. Un assortiment de choix : entre de la vodka bon marché, du whisky à papa et de la bière artisanale, il n'y avait pas de quoi jouer les fines bouches. Du moelleux au chocolat à profusion sur la table laissait à penser que tout le monde ne savait préparer que cela. Je n'avais pas d'appétit particulier pour ce gâteau, le jugeant trop sec la plupart du temps, contrairement à ce que son nom laissait présager. Par ailleurs, le chocolat n'était pas vraiment mon péché mignon. Je lui préférais une part de tarte aux pommes, que Nimue me tendit avec gentillesse.

Midas, comme me l'avait signalé Angus Fitzgerald, changeait nourriture et eau en or, ce qui l'avait poussé à abandonner sa faculté, aussi n'avais-je rien tenté d'avaler à part les maigres bouchées de cheese-cake que j'avais réussi à ingurgiter au café dans l'après-midi. Pour prévenir les dégâts, j'attrapai une fourchette dans un des tiroirs de la cuisine, balayant aussi vite qu'elles étaient prononcées les moqueries de mon frère. À ma rescousse, débarqua Jasmine qui, de sa tenue de fée clochette, concentra l'attention de Marshall sur autre chose que mes manières de princesse. Lorsqu'elle parvint à se délivrer des bras de mon aîné, ma collègue et amie m'étreignit, après quoi elle me dévisagea un moment.

— Tout va bien, Louise ? s'enquit-elle, un sourcil arqué.

Décidément, ses multiples tentatives de faire corps avec Marshall semblaient avoir porté leurs fruits. Elle lisait en moi tout comme lui. Serait-ce une sœur cachée ? Non. L'idée était assez glauque en y songeant de plus près. Je chassai vivement cette pensée et servis mon plus beau sourire à la petite amie de mon frère.

— Oui, ça va, la rassurai-je, j'ai bossé toute la journée sur un devoir, j'ai simplement du mal à revenir à la réalité.

Jasmine ne parut pas convaincue, mais n'insista pas davantage. Je me retins de confier à Marshall qu'il pouvait en prendre de la graine. À la place, je penchai pour une petite diversion :

— Bon, qu'est-ce qu'on boit ?

L'alcool était un super pouvoir dont je n'avais pas honte de me servir lorsque j'étais confrontée à des cas extrêmes comme celui-ci. Il faisait office de distraction, ce dont j'avais grandement besoin. Je me calai sur le rebord du plan de travail et laissai Marshall se charger des cocktails. Convaincue de passer une bonne soirée et d'oublier, l'espace de quelques heures, les ennuis qui me tracassaient, je trempai mes lèvres dans le gobelet qu'il m'offrit. La saveur sucrée de la canneberge, d'abord, puis la brûlure de la vodka étaient agréables. En prenant une deuxième gorgée, je me cognai les dents contre le rebord de mon verre. La douleur se répercuta si violemment dans mes gencives que je craignis d'avoir esquinté l'émail. Cette crainte fut toutefois surpassée par celle qui m'étreignit l'estomac lorsque je compris qu'un simple gobelet en plastique n'avait pas pu me faire si mal. Dans ma main, la froideur de l'or massif et son poids caractéristique. Mon don venait de s'activer, au beau milieu d'une cuisine bondée.

Holy shit !

La panique.

Je ne savais pas quoi faire, comment réagir. Est-ce que quelqu'un m'avait vue ? Si je restais plantée là, en tout cas, il était certain que j'allais me faire cramer. Je me sentais sur le point de perdre mon sang froid, quand un bruit de fracas me fit sursauter. On jura bruyamment.

— Non, mais tu peux pas faire attention ! hurla Marshall, en plus d'être complètement timbrée, t'as de la merde dans les doigts ! C'est pas possible d'être aussi... Non, mais t'as vu la tache que t'as faite ?

Mon frère, dont le costume venait d'être aspergé de cocktail rose, semblait sur le point d'exploser au visage de ma meilleure amie qui, de son côté, ne paraissait absolument pas désolée. Sous le coup de la surprise, Marshall avait renversé également une bouteille de vodka. La cuisine, en quelques instants, avait pris des airs de champ de bataille, ce qui m'arrangeait.

— J'ai pas fait exprès idiot, c'est pas en criant aussi fort que t'es con que ça va changer quelque chose !

Nimue avait sciemment provoqué ce carnage, pour faire diversion. Profitant de l'agitation, je m'éclipsai.

Mon gobelet doré à la main, je filai aussi discrète que possible jusqu'à la salle de bains. Une fois la porte close, je m'appuyai contre le battant et fermai les paupières. J'essayai de faire le vide, sans succès.

Comment était-ce arrivé ?

Il n'y avait eu aucun signe avant-coureur. Ni maux de tête, ni une quelconque sensation bizarre, cela avait surgi de nulle part, sans que je ne m'en rende compte. Comment étais-je censée m'en sortir si ce fichu don était aussi instable ?

Je ne pouvais pas le faire, je ne m'en sentais pas capable.

Un sanglot s'échappa de mes lèvres, incontrôlable lui aussi. Je me trouvais dans une impasse avec une charge trop lourde à supporter pour mes bras. J'avais besoin d'aide, bien plus que je ne souhaitais l'admettre et à mon grand désespoir, il n'y avait qu'une personne au monde qui pouvait me l'apporter.

Quel cauchemar !

Ω

— 15 —

J'avais terminé la soirée calfeutrée dans les toilettes jusqu'au moment où Nimue était venue me chercher. Avoir simulé une dispute avec Marshall avait fini par la mettre en colère contre lui pour de vrai et nous étions, au final, rentrées chez moi à pied. J'avais profité du trajet pour lui expliquer mon plan, qu'elle avait trouvé risqué tout en admettant que je n'avais pas beaucoup d'autres options auxquelles me raccrocher.

Ma décision prise, je devais passer à l'action.

Le lendemain, j'effectuais ma permanence chez Crystals en même temps que Jasmine. Je préférais cela plutôt que d'avoir à agir au nez et à la barbe d'Eileen. Je me sentais déjà assez mal à l'aise par rapport à ce que je m'apprêtais à faire, inutile de me rajouter une pression supplémentaire. J'étais nerveuse et priais pour que ma collègue ne le remarque pas. Celle-ci déballait les dernières améthystes que nous avions reçues, tandis que je faisais mine de consulter les ventes du jour sur l'écran que nous avions à disposition sur le comptoir.

Admettre que j'avais besoin d'aide m'avait semblé pénible, mais passer à l'action était plus compliqué encore. J'étais sur le qui-vive depuis que j'avais pris mon service, le cœur battant à chaque fois que les clochettes de la porte d'entrée tintaient. J'attendais quelqu'un et mes espoirs de voir cette personne franchir le seuil de la boutique s'amenuisaient à mesure que les heures passaient, ce qui n'arrangeait pas mes plans. Il existait bien un moyen de la contacter, mais je préférais éviter tant que possible cette option-là.

— Tout va bien, Louise ? me demanda soudain ma collègue

en fronçant ses sourcils. T'as l'air tendue.

Prétendre le contraire aurait été bien difficile vu que le seul son de sa voix m'avait fait sursauter. La bienveillance était une qualité que je ne souhaitais pour rien au monde retirer à Jasmine, mais pour l'heure, elle me mettait dans l'embarras. En réponse, je lui servis un sourire.

— J'ai... quelques soucis, j'essaie de les chasser de mon esprit.

Mentir n'était pas mon fort, aussi me contentai-je de rester évasive. Connaissant le tempérament de ma collègue, elle ne chercherait pas à en savoir plus et cela m'arrangeait très bien. Ainsi, je ne fus pas surprise de la voir hausser les épaules et retourner à son travail.

Je fixais la porte d'entrée. Il n'y avait toujours aucune trace de Mrs Yale. Pas une breloque, ni une boucle de ses cheveux indisciplinés ne se dessinaient à l'horizon. Elle fréquentait le magasin à raison de trois fois par semaine, au minimum, mais demeurait aux abonnés absents le jour où j'avais besoin de la voir. C'était bien ma veine. S'il y avait une personne susceptible de me porter secours, c'était bien elle et non Angus Fitzgerald dont le dédain m'avait profondément vexée. Ma cliente farfelue, en sa qualité de médium, possédait dans le domaine du paranormal des connaissances qu'une néophyte telle que moi ne pouvait soupçonner.

Peut-être connaissait-elle, contrairement au détective, un moyen de se débarrasser de mon pouvoir ? S'il existait une micro chance que ce soit le cas, je me devais de la tenter.

Il n'était pas dans mon tempérament de transgresser les règles, j'étais bien trop flippée pour cela. Jamais je n'avais triché à l'école, j'avais bien trop peur de me faire prendre, mais je n'avais plus vraiment le choix. Je devais agir, c'était ma dernière option.

J'allais devoir extraire l'adresse de Mrs Yale du fichier client.

Une transgression qui pouvait me valoir mon poste, mais je m'en fichais. J'avais désespérément besoin de parler avec la médium. Peu importe si cela me coûtait cher. Au fond, ne croulais-je pas sous l'or de toute manière ?

Je levai les yeux vers Jasmine. Elle me tournait le dos, parfait. Je ne pouvais pas rêver meilleur moment pour agir. Prenant une longue inspiration, j'entrai dans le fichier.

L'heure qui s'écoula avant la fermeture me parut durer une éternité. L'adresse de Mrs Yale griffonnée sur du papier à carte bleue dormait dans le fond de ma poche. Jasmine n'avait rien remarqué, mais j'éprouvais tout de même la sensation d'être flanquée d'une lettre écarlate sur la poitrine : V, comme voleuse. C'était plus fort que moi. Convaincue de la nécessité de mon geste, je n'en ressentais pas moins de culpabilité pour autant. J'avais des sueurs froides et osais à peine entamer la conversation avec ma collègue de peur d'entendre trembler ma voix. Je comptai les minutes, me trouvai des occupations. Hélas, rien ne parvenait à me distraire.

Quand sonnèrent dix-neuf heures, le soulagement manqua m'arracher un soupir. J'enroulai mon écharpe autour de mon cou et enfilai mon manteau, non sans avoir vérifié une dizaine de fois que le morceau de papier n'était pas tombé de ma poche. Je refusais d'avoir fait cela pour rien ! Du bout des lèvres, je dis au revoir à Jasmine et actionnai la poignée de la porte. Au moment où je voulus sortir, mon geste se bloqua et je me cognai contre le montant en bois. La porte était fermée. Je tentai une nouvelle fois, sans plus de succès. Interloquée, je pivotai vers Jasmine qui se tenait au milieu de la boutique, une expression confuse lui barrant le visage.

— Tu as fermé la porte ?

— Louise, je suis désolée, je ne peux pas te laisser partir.

Ω

— 16 —

Le ton de sa voix était difficile à cerner. De prime abord, sec, un léger tremblement faisait planer le doute. Que voulait-elle dire ? Refusait-elle de me laisser m'en aller parce qu'elle avait été témoin de mon larcin ? Cherchait-elle à me protéger des conséquences ? J'étais pourtant persuadée d'avoir fait preuve de la plus grande discrétion, agissant seulement lorsqu'elle avait eu le dos tourné. Mon état de stress lui avait-il mis la puce à l'oreille ? Je voulais lui signifier qu'elle ne devait pas s'inquiéter, que j'avais parfaitement conscience des risques que je prenais quand elle sortit son téléphone et me lança un regard désolé.

— Je dois le faire, ne m'en veux pas.

Je n'étais pas sûre de comprendre. Désirait-elle réellement me dénoncer à Eileen ?

— Jazz, laisse-moi t'expliquer...

Une boule de déception se forma dans ma gorge, son jugement me touchait davantage que je ne souhaitais l'admettre. Pourquoi m'accordait-elle si peu de crédit ? Cela ne lui ressemblait pas.

Un léger grésillement, une voix dans le téléphone m'éclipsa totalement aux yeux de Jasmine. La nervosité de ma collègue était évidente, cela n'augurait rien de bon. Se sentait-elle coupable, tout à coup, à l'idée de me dénoncer ? C'était le moment ou jamais de saisir ma chance.

— Jasmine, je te jure que j'ai une bonne raison, on peut en discuter...

Elle m'ignora de plus belle, reculant dès que j'avançais d'un pas. Dans son regard, ce n'était pas des remords, mais de la peine.

J'avais du mal à saisir.

Un nouveau grésillement dans l'appareil fit tressauter le muscle de sa lèvre comme si elle appréhendait de parler. Détournant ses yeux des miens, elle se racla la gorge.

— La Souffleuse... Elle est là. Je la retiens.

Sans plus d'éloquence, elle donna l'adresse de la boutique puis raccrocha. Sciée, je n'osais plus bouger. *La Souffleuse.* Moi. Jasmine se moquait de l'adresse de Mrs Yale que j'avais chapardée, mon pouvoir, en revanche, éveillait son intérêt.

— Il ne s'agissait pas d'Eileen au téléphone...

Ce constat avait surgi de ma pensée et me donnait la sensation d'un coup de poignard dans le dos. La mine déconfite de Jasmine me délivra le coup de grâce.

— Je suis tellement désolée, Louise...

Pourquoi ?

La question me brûlait les lèvres, mais je demeurai silencieuse. Le choc ne me clouait pas le bec, mais la colère qui distillait dans ma bouche un goût atrocement âcre, oui.

— Laisse-moi t'expliquer...

Soudain, les rôles s'inversaient. J'oubliai la culpabilité, le bout de papier chiffonné dans ma poche et Mrs Yale. La futilité de tout cela me frappa et bientôt je ne fus plus capable de penser à autre chose qu'à ce douloureux sentiment de déception. Jasmine n'avait pas besoin de m'expliquer, je ne comprenais que trop bien ce qui se passait. Nombreux étaient ceux qui convoitaient mon pouvoir, Angus Fitzgerald avait été ferme à ce sujet. Je n'avais toutefois jamais imaginé que la trahison viendrait de quelqu'un que j'appréciais.

— Comment as-tu su ? demandai-je alors.

Je devais au moins savoir cela.

— Ça a été plutôt facile étant donné que tu ne sais pas comment dissimuler ton glyphe.

C'était la deuxième fois que j'entendais parler de ce mot-là. Lorsqu'il avait été prononcé par Angus Fitzgerald au café, je n'y avais pas prêté attention. Visiblement ce glyphe avait de l'importance. Jasmine, captant ma confusion, s'approcha de moi et ôta son pendentif, une agate magnifique de couleur verte, pour le déposer sur le comptoir. Aussitôt, la lumière tamisée de la boutique se refléta dans son œil et je le vis à nouveau. Ce symbole, l'oméga en filigrane dans sa prunelle. Le glyphe.

En étais-je dotée moi aussi ? Je ne l'avais jamais remarqué.

— Porter une pierre, comme une agate par exemple, permet de cacher le glyphe à la vue des autres homérides.

Les homérides, les gens comme moi. Comme Jasmine. « Vous n'êtes pas seule, Louise », c'était donc ce qu'avait voulu dire Angus Fitzgerald.

— Il commence à apparaître lorsque le don est prêt à se manifester, ou quand un désigné devient actif ; c'est à dire quand il est à même de recevoir son pouvoir. C'est comme cela que j'ai su pour toi.

Elle m'expliquait qu'un truc était apparu dans mes yeux, avant même que je ne commence à changer les objets en or. Comme une sorte d'avertissement ? Je ne m'étais rendu compte de rien ! Aurais-je pu éviter tout cela ? Bien sûr que non, même si j'avais perçu cet oméga, je n'aurais pas compris ce qu'il signifiait.

— On m'avait envoyée sur la piste d'une autre fille...

— Lia.

Le reproche dans ma voix était facilement perceptible. Jasmine marqua une pause, touchée par mon ressentiment.

— Oui. L'ancienne Souffleuse. Mais j'ai senti qu'elle s'apprêtait à donner son don alors j'ai...

— Comme est-ce que tu as pu *sentir* ça, comment tu as su ce qu'elle allait à faire ?

Je redoutais son aveu. Si elle traquait Lia, sans doute était-elle mêlée, même de loin, à son attaque. Du moins ce « on » pour qui mon ancienne amie travaillait. Je tremblais au souvenir de la précédente Souffleuse. Poignardée, la main tranchée.

— Je tire mon pouvoir de la déesse Artémis, comme elle, mes capacités de chasseresse sont très accrues et je suis capable de déceler des choses que la plupart de gens, ou même des homérides, ne voient pas. Je perçois les intentions des personnes, prévois leurs faits et gestes. Je suis très douée pour cela.

Elle m'agaçait ! Non seulement son don était cent fois plus cool que le mien, dix fois moins encombrant, et beaucoup plus discret, mais en prime, elle se tenait là, en face de moi, à me parler de sa voix douce et chaleureuse, comme si elle n'incarnait pas la traîtresse de l'histoire. Elle me retenait contre ma volonté, avait sans doute provoqué l'agression de Lia, et n'affichait pas le moindre scrupule à l'idée que des gens mal intentionnés me mettent la main dessus. Nous attendions sagement que quelqu'un vienne m'enlever, pour se servir de mon pouvoir de toute évidence, et cela ne lui faisait ni chaud ni froid.

— J'imagine que tu ne lèveras pas le petit doigt lorsqu'ils trancheront ma main ! crachai-je avec dégoût. Que t'a-t-on promis ? Seras-tu couverte d'or pour avoir capturé la Souffleuse ?

— Les choses n'étaient pas censées se dérouler comme cela. Les agresseurs de Lia ont agi par cupidité et contre les ordres qui leur avaient été donnés. Quand j'ai compris qu'elle souhaitait transmettre son pouvoir, je me suis mise à chercher son successeur, mais celui qui m'envoie n'a rien voulu entendre ; il a d'abord souhaité attraper Lia, ce qui s'est soldé par un échec. J'ai donc pu me concentrer sur toi. Comme je t'ai expliqué, tu n'as pas été difficile à trouver avec l'apparition de ton glyphe. Il m'a suffi de penser à un moyen de me rapprocher de toi.

Pitié, pas Marshall...

— Causer l'accident de ta collègue a été plutôt évident, ensuite, je n'ai eu qu'à la remplacer.

C'était encore plus pervers que je ne l'avais imaginé. Faire du mal aux gens pour m'atteindre, cela semblait complètement fou ! Pire, elle employait un ton totalement détaché, mais il n'y avait pourtant pas une once de méchanceté qui émanait d'elle. J'avais du mal à interpréter ses motivations.

— Je n'ai pas eu le choix, Louise...

Elle paraissait réellement désolée, mais comment lui accorder du crédit après ses confessions ?

— Si je ne te livre pas, il ne libérera jamais ma sœur, Délia.

Cette révélation me scia. Elle agissait donc par chantage, tout s'éclairait.

— Peu importe à quel point je t'apprécie, Louise, j'aime ma sœur et je ne permettrai pas qu'il lui arrive du mal. Je suis sûre que tu comprends, si jamais il s'agissait de Marshall, je...

— Non !

Jasmine pinça les lèvres, consciente d'avoir dit le mot de trop.

— Tu n'avais pas besoin d'impliquer Marshall dans tout ça ! lui jetai-je au nez. Je sais bien qu'il n'est pas un modèle concernant les relations amoureuses, mais...

— Ton frère s'en remettra, m'interrompit Jasmine. Je ne suis pas la femme de sa vie et il le sait aussi bien que moi. Contrairement à ce que tu penses, je n'ai pas prévu l'histoire qui s'est créée entre Marshall et moi. Il est vrai qu'au départ, j'ai trouvé l'opportunité intéressante, mais j'ai appris à connaître ton frère et c'est devenu plus que ça. J'évite, en général, d'impliquer mes sentiments lorsqu'on me confie une mission.

— Arrête, tu vas me faire pleurer !

— Ce n'est pas mon but, Louise. J'aurais préféré que les choses se déroulent autrement, mais je suis coincée. S'il te plaît, je suis presque sûre qu'il ne t'arrivera rien de mal, si tu ne résistes pas, je récupérerai ma sœur et une fois qu'il aura obtenu de toi ce qu'il cherche, tu pourras mener ta vie aussi paisiblement que tu le souhaites.

J'entendais la détresse de Jasmine, mais ne parvenais pas à saisir son raisonnement. Qui se cachait derrière ce « il » dont elle parlait, que me voulait cet homme ? Si ses plans étaient aussi bienveillants que Jasmine se l'imaginait, pourquoi avoir recours à des moyens douteux ? La traque, l'implication de criminels comme ceux qui avaient mutilé Lia, la séquestration, le chantage, cela ne laissait rien présager de bon.

— Tu ne craindrais pas pour la sécurité de ta sœur si tu pensais que l'homme qui me cherche était pétri de bonnes intentions.

J'avais mis le doigt sur un sujet sensible. Instantanément, les yeux de Jasmine s'embuèrent. Nous y étions, le moment de faiblesse que j'attendais.

— Je n'ai pas le choix...

— Ce n'est pas en continuant de me répéter cela que tu vas réussir à t'en persuader.

Elle ne sut quoi me répondre. Sur son visage se peignait une infinie détresse. Elle pensait avoir les pieds et les mains liés et me livrer à son maître chanteur lui apparaissait comme la seule option. Il fallait à tout prix que je la convainque du contraire si je voulais sauver ma peau.

— Partons toutes les deux ! l'encourageai-je. On trouvera un moyen de récupérer ta sœur, on ira chercher de l'aide, je connais un type qui pourrait nous soutenir.

— Me cacher à Hestiapolis ne changera rien ! protesta Jasmine. Leurs Gardiens sont trop peu nombreux et *il* le sait. Il ne les craint pas.

Hestiapolis, encore un nom qu'avait mentionné Angus.

— Notre ville protectrice, notre foyer, la cité des Gardiens...

Elle émit un rire amer.

— Même eux n'ont pas conscience du danger qu'*il* représente. *Il* a une longueur, si ce n'est deux, d'avance sur eux... Encore faudrait-il qu'ils ouvrent les yeux au lieu de se terrer comme des lâches. Tôt ou tard, *il* finira par gagner et il n'existera plus d'endroit pour se cacher.

Elle avait peur, c'était flagrant. Elle ne disait pas ces paroles en l'air, elle pensait réellement ce qu'elle avançait. Ce personnage la terrifiait. Était-il si puissant que cela ? Je n'avais pas idée du monde dans lequel je venais de mettre les pieds, tous ces mots, ces nouvelles notions, étaient inédits pour moi. Quant à imaginer les capacités d'autres personnes comme moi, cela dépassait de mille lieues mon entendement. Quelle menace représentait cet homme ? Que voulait-il ? Pourquoi s'en prendre à moi, ou du moins à mon pouvoir ? Que cherchait-il à faire exactement ?

Je ne pouvais pas rester là et attendre patiemment qu'il me capture pour découvrir ce que ce malade avait en tête. Si Jasmine refusait d'entendre raison, il devait trouver un autre moyen de me sortir de ce traquenard. Cela faisait déjà plusieurs minutes que ma collègue avait passé ce coup de fil, je ne pouvais évaluer clairement le temps que j'avais en ma faveur. Dans tous les cas, je devais faire vite. Elle parlait, tâchant d'expliquer pour la énième fois qu'elle agissait contre sa propre volonté. N'écoutant que d'une oreille, je me déplaçai lentement, veillant à la souplesse et à la discrétion de mes mouvements, jusqu'à atteindre l'étagère dans laquelle étaient exposées toutes sortes de pierres semi-précieuses. Principalement des quartz, tous de taille et de couleurs différentes. Il y avait d'énormes géodes, plutôt lourdes, suffisamment pour briser une vitre si elles la percutaient à forte puissance.

— Qu'est-ce que tu fais ? s'enquit tout à coup Jasmine.

Son attention se focalisa sur l'améthyste de la grosseur d'un pamplemousse que je tenais dans la main. Elle avait compris, sans nul doute. Hélas pour elle, je n'avais pas prévu de me dégonfler. Sans perdre plus de temps à la réflexion, je balançai le joyau de toutes mes forces contre la vitrine de la devanture, qui, comme je l'avais pressenti, explosa en mille morceaux. Jasmine hurla tandis que je m'élançai pour sortir. Mon pas crissant sur le verre brisé, je fus brusquement retenue par la poigne de ma collègue qui tenta de m'arrêter. Je grognai, déterminée à lui échapper.

Les mailles de mon pull grincèrent tandis que les ongles de Jasmine griffaient ma peau. D'un coup de coude, je me débarrassai d'elle, l'envoyant valser dans une vitrine et me mis à courir. Traversant la vitre éclatée, j'atterris dans la rue que les passants avaient petit à petit désertée. Le bar le plus proche était à plusieurs rues de là, et hormis celle qui provenait des lampadaires et de la lune, la lumière se faisait rare.

Sans prendre le temps de voir si ma collègue avait retrouvé ses esprits, je détalai à toute vitesse. La rue était piétonne, pourtant, le vrombissement d'une voiture perça la nuit. Mon sang ne fit qu'un tour, lorsque je compris que les renforts de Jasmine venaient d'arriver. Mon souffle me manqua tandis que j'accélérai le pas. Prendre la fuite commençait à entrer dans mes habitudes, néanmoins, mes foulées étaient trop lentes pour distancer un véhicule. Je le savais, mais refusais fermement d'abandonner. S'ils voulaient m'avoir, ils allaient devoir trimer.

Ne rien lâcher. Courir, sans réfléchir.

Le grondement de la voiture se rapprocha. Vite, trop vite. J'avais peur de ne pouvoir lutter. Mais je le devais, à tout prix.

Ne pas s'essouffler. Continuer.

Mes poumons n'étaient pas habitués à un tel rythme, mais il me fallait ignorer la douleur. Tenir bon.

À la première opportunité, je bifurquai dans une ruelle étroite pour empêcher mes poursuivants de l'emprunter. Le moteur rugit soudain en signe de protestation, j'avais gagné cette bataille, mais je ne ralentissais pas la cadence pour autant. Il me restait encore du chemin à parcourir pour me mettre en sécurité.

Arrivée en haut de l'allée, je me hissai sur la première palissade venue. M'écorchant la cuisse en l'escaladant, je sautai dans le jardin d'un particulier et me cachai à l'ombre d'un buisson. Me terrer apportait l'espoir que, ne me trouvant pas, mes poursuivants feraient demi-tour et s'en iraient simplement.

La patience était la clef.

Je devais rester là, tapie dans le noir et tâcher de réguler mon souffle.

Seulement quelque temps. Ils finiraient bien par se lasser...

Mon cœur battait encore la chamade. Une main sur la

poitrine, j'essuyai mes joues, des larmes avaient coulé sans que je m'en aperçoive.

Le ronflement de la voiture devint presque imperceptible, elle était loin. Les minutes s'égrenaient. Quinze au moins, peut-être vingt.

Le silence.

Ce calme après la tempête fit remonter un méli-mélo d'émotions à la surface. Tout d'un coup, j'éclatai en sanglots. J'avais bien cru que je ne leur échapperais pas ! Ils m'avaient ratée de tellement peu. À un cheveu !

Je ne savourais qu'à moitié le soulagement de leur avoir filé entre les doigts, gâché par le goût aigre de la déception que je ressentais à l'égard de Jasmine. La trahison avait éveillé une vive douleur, presque physique, que j'avais la sensation de ne pouvoir chasser avant longtemps.

Tâchant de me reprendre en main, je m'extirpai de ma cachette, m'époussetai les fesses, le dos et les bras puis entrepris d'escalader le grillage du jardin dans lequel je m'étais planquée. D'un saut fébrile, j'atterris sur le trottoir goudronné.

Soudain, un vacarme de tous les diables retentit dans l'allée, perçant la nuit noire.

J'eus à peine le temps de poser le deuxième pied au sol que les phares du véhicule tonitruant m'éblouirent. Un bruit d'accélération brusque. Une portière qui s'ouvre. Un bras de fer qui me choppe en plein élan et me plaque dos contre le torse d'un homme. Je hurlai comme une dératée, trop entravée pour pouvoir me débattre. On me colla finalement un mouchoir imbibé sur la bouche et le nez, je sombrai dans le néant.

— 17 —

Je repris connaissance sur la banquette d'une voiture. Ouvrant les yeux, je plissai aussitôt les paupières, aveuglée par la lumière vive des lampadaires qui défilaient au-dehors. Je voulus passer ma main sur mon visage, mais me retrouvai bloquée dans mes mouvements, mes poignets solidement attachés derrière mon dos, à m'en faire mal aux épaules à la moindre gesticulation. J'avais envie de me vider la vessie et mes oreilles bourdonnaient.

Mes kidnappeurs occupaient l'avant du véhicule et m'avaient vulgairement balancée à l'arrière sans se soucier un seul instant de mon confort.

Tu ne voudrais pas qu'ils pensent au thé et aux petits gâteaux aussi, tiens ?

Avant de m'évanouir, j'avais compté deux hommes ; j'étais soulagée de constater qu'il n'en existait pas un troisième, sans quoi je serais probablement calée sur ses genoux.

— Fait chier ! pesta soudain le conducteur, d'une humeur de bulldog. Ça fait quatre heures qu'il nous fait poireauter, cet abruti ! J'aimerais lourder la gamine vite fait, moi ! Si elle nous attire des ennuis, je t'assure que je la balance en marche...

Ma gorge se serra ; je n'avais clairement pas affaire à des enfants de chœur. J'avais tout intérêt à la mettre en veilleuse si j'envisageais de rester en vie.

— Déconne pas, Eddy ! le sermonna l'autre. Pense au pactole !

— Ouais, ouais, j'y pense, rétorqua le premier, mais faudrait pas non plus qu'il nous prenne pour des cons ! J'en ai marre de cette putain d'autoroute !

— J'attends son feu vert. Il n'a donné aucune instruction encore.

Des instructions ? Quelles instructions ?

Mon cœur s'emballa.

— J'te préviens, s'il se fout d'notre gueule…

— Patience ! On sera bientôt riches, de quoi tu te plains ?

Les yeux clos, je feignis le sommeil. Malgré le caractère bourru des deux types, j'analysais aisément qu'ils ne représentaient que des pions dans l'affaire. Leur rôle paraissait simple : me conduire d'un point A à un point B. Ils ne semblaient pas même au courant du don que je possédais, sans quoi ils ne se soucieraient pas tant de la récompense attendue.

Le commanditaire, ce « *il* » que Jasmine redoutait tant, était davantage à craindre. J'avais au moins l'assurance de rester en vie tant que les deux hommes ne m'auraient pas livrée en bonne et due forme.

— J'ai un message ! s'écria soudain le passager. Sors à Bath !

— Bath ?

— Ouais, regarde « Sortez à Bath », je n'invente pas !

— Sortir à Bath, sortir à Bath… rouspéta Eddy, il est marrant lui !

— Bah là ! s'écria son coéquipier, tu vois, Bath, deux miles.

Des klaxons mécontents fusèrent lorsqu'Eddy se rabattit sur la voix de gauche. La manœuvre fut tellement brusque que ma tête cogna violemment contre la portière. Mon cœur galopait comme un cheval de course. Bath. Deux miles. C'était tout ce qui me séparait de mon destin.

J'étais déjà dans de beaux draps, mais mon petit doigt me disait que ceux qui m'attendaient étaient plus sales encore.

L'éventualité d'ouvrir la portière pour sauter en marche me traversa l'esprit, hélas, je devais admettre que les chances de survie étaient maigres avec une voiture lancée à 100 miles à l'heure. Je n'étais pas encore suicidaire, aussi n'avais-je pas d'autres options que de me laisser transporter et tenter d'agir au point de rendez-vous.

La voiture ralentit, mais n'arrêta pas tout de suite sa course. La verdure que j'apercevais à travers la vitre m'indiquait que nous étions désormais sortis de la voie rapide et que nous nous dirigions probablement vers la ville.

J'étais loin de chez moi. Vraiment loin. Marshall et Maman devaient se faire un sang d'encre à cette l'heure. J'avais d'ailleurs perdu la notion du temps, il faisait nuit, mon seul indice. Avait-on passé minuit ? Je n'en avais pas la moindre idée.

L'angoisse grimpant peu à peu, je ne pouvais toutefois me résoudre à me laisser attraper sans rien tenter. Je devais lutter. Mais... comment ?

— Prends la deuxième à gauche, indiqua le copilote en déchiffrant le SMS qu'il venait de recevoir, vers *Swainswick*. Tu roules cinq minutes et... tu t'arrêtes sur le parking du premier *Sainsburry*.

La trouille se dissolvait dans mon estomac, gelant mes os, mes muscles, ma peau. Au pire moment de mon existence, je cédai à la panique. Gesticulant comme un asticot condamné à finir ses jours dans la gueule d'un poisson, geignant bêtement, j'attirai l'attention du petit nerveux sur le siège passager qui me foudroya de ses yeux de fouine. Je priai très fort pour me faire aussi petite qu'une souris, mais en moins de deux, le type braqua le canon d'une arme sur moi.

Merde...

Un flingue. Un putain de flingue. Dirigé vers ma tête.

— Tout doux, gamine ! Tu te tiens tranquille si tu ne veux pas finir avec un trou au milieu des sourcils !

OK. Je m'étais gourée à leur sujet. Ces mecs étaient vraiment dangereux. Des tarés !

Le conducteur, dont le sang-froid semblait être mis à rude épreuve, jura comme un charretier, tandis que son coéquipier ne me quittait pas du viseur. Deux cornes, toutes petites, éléments que son crâne dégarni ne permettait pas de cacher, saillaient de son front. Qu'était-il au juste ? Un démon ? Un faune ? Un fan d'implant ? Quelle que soit sa nature, il valait mieux ne pas tester les limites de sa patience.

— C'est bien, tu la fermes et tout le monde est content ! dit-il avant de reprendre sa place lentement.

Le fait qu'il ne me tienne plus en joue n'enlevait rien à la menace qui planait lourdement sur moi ; au moindre faux pas, il dégainerait son arme et m'enverrait saluer mon Créateur sans ciller. On aurait pu tailler un crayon à papier entre mes dents tant j'étais terrorisée. Focalisée sur la peur qui me tenaillait le ventre, je reléguai au second plan la douleur de mes poignets liés. Pourtant, la corde rêche irritait ma peau. Lamentable, je me mis à pleurer. Démunie, fatiguée et meurtrie.

— À droite ! aboya soudain le démon-faune à l'intention de son acolyte, le *Sainsburry*, là, il n'est pas assez gros pour toi ?

Nous approchions du lieu de rendez-vous ; ce simple constat manqua me faire suffoquer. La panique saisit ma gorge, je me tortillai, tâchant de dénouer mes entraves. Sans succès. Bouger m'était impossible, hurler ne rimait à rien, hormis à me faire tuer, et je n'avais pas la moindre ressource qui puisse me tirer d'affaire. À bout de nerfs, je n'entrevis qu'une brèche, minuscule, pour me sortir de ce pétrin, et n'hésitai pas à m'y engouffrer. C'était mon ultime chance de rester en vie.

— Attendez ! m'écriai-je, désespérée. Attendez, je... je peux vous payer.

Mon souffle était atrocement saccadé, j'avais peur, mais je ne voulais pas flancher. Je n'avais pas d'armes à proprement parler pour me défendre, je ne cachais ni dague, ni même un canif dans mes poches, quand bien même j'étais trop ligotée pour m'en servir, la seule chose que je possédais était enfouie en moi. Elle m'appelait, souhaitait m'aider, comme s'il s'agissait d'une personne distincte, une amie. Le Souffle, je le réalisais, était mon seul recours.

— La ferme, pisseuse ! tonna le cornu qui pointa à nouveau son pistolet dans ma direction.

— Je... j'ai beaucoup d'argent. Je vous donnerai ce que vous voulez. S'il vous plaît !

Il était évidemment hors de question que je leur fasse une démonstration de mes capacités, sans quoi je risquais de finir mes jours dans une cave à produire lingot sur lingot, mais j'avais du poids pour négocier. Je pouvais leur promettre une somme d'argent considérable, ce qui, à l'évidence, constituait une de leurs motivations premières.

Les deux compères échangèrent un regard perplexe, puis le plus agressif des deux, l'homme à cornes évidemment, me toisa avec une telle noirceur que je crus ma dernière heure venue.

— N'essaie pas de nous rouler, gamine, OK ?

Il semblait plus magnanime que je ne me l'étais figurée. Une chance que je n'hésitai pas à exploiter.

— Je peux vous fournir assez d'or pour que vous n'ayez plus à vous soucier de...

— De l'or ? s'éclaffa le conducteur dont le timbre puissant me fit sursauter, tu t'es prise pour un maharaja ou quoi ? Pete, elle bluffe, laisse-la... Elle doit sans doute pisser dans son froc à l'heure qu'il est. Hein, p'tite, t'as besoin d'une couche, ou ça va ?

Loin de laisser cette vulgarité m'atteindre, je redoublai d'efforts et plantai mon regard dans celui du dénommé Pete, avec toute la détermination qui me restait.

— Je peux vous donner mille fois plus que ce qu'on vous a promis, arguai-je. Dites-moi un prix.

Mon élan de bravoure se solda par le canon armé de Pete plaqué sur mon visage. S'il tirait, mon crâne exploserait en morceaux, une perspective qui ne semblait pas déranger mon agresseur à en juger par l'œil mauvais avec lequel il me reluquait.

— Ta gueule, siffla-t-il entre ses dents serrées, tu fermes ta gueule, c'est compris ? J'en ai rien à foutre de tes bobards, ce que je sais, c'est que tu vas me rapporter un paquet de fric et qu'après ça, je n'aurais plus à supporter tes couinements de petite pisseuse. Tu te tiens tranquille, dix minutes, OK ? S'il faut que je te pète la mâchoire pour avoir la paix, crois-moi, je n'hésiterai pas, c'est pigé ?

J'aurais voulu riposter, soutenir son regard et lui cracher au visage, mais je n'étais pas si téméraire et ne parvins qu'à déglutir à grand-peine. Satisfait, un sourire vicieux étira ses lèvres puis il reprit place sur son siège et rangea son Beretta.

Vaincue, je tâchai de faire le vide dans ma tête et d'éviter de gamberger inutilement.

— Eddy, c'est lui ! s'excita Pete au moment où une moto nous doubla bruyamment, suis-le !

La voiture tourna sans prévenir et pila, me faisant rouler, puis dégringoler entre la banquette et les sièges avant. Ma hanche heurta le vide-poche, provoquant une douleur vive qui se répercuta aussitôt jusque dans les os de mon bassin. J'osai à peine gémir. Le frein à main qu'on tirait, les portes qu'on ouvrait, le grincement des sièges libérés du poids des deux hommes. Un soupir, l'effroi qui me glaçait le sang. Je m'attendis à ce qu'on extirpe du véhicule, mais Eddy et Pete l'avaient quitté sans moi.

— Où est la jeune fille ? entendis-je le motard demander aux deux hommes.

Son timbre était calme, presque courtois, en parfait contraste avec celui des créatures des cavernes avec qui j'avais fait le voyage.

— Le fric d'abord ! exigea Pete.

Je me tortillai à la manière d'un serpent pour rapprocher au maximum mon visage de la vitre et y plaquer mon oreille pour tenter de capter quelques bribes de leur conversation.

— Du calme, messieurs, reprit le motard, plus posé. Mon intention n'est en aucun cas de vous duper. Le service que vous m'avez rendu sera rémunéré comme convenu.

— LE FRIC ! beugla Eddy, à bout de nerfs.

— La fille, négocia l'autre, imperturbable.

Je n'eus pas le temps d'attendre que l'échange se poursuive. Alors que je me démenais pour enfin libérer l'une de mes mains, à ma surprise, la portière contre laquelle j'étais appuyée s'ouvrit et je basculai aussitôt vers l'avant. Je me préparais à rencontrer le bitume quand une main me chopa par les cheveux et me tira violemment hors de la voiture.

— Lâchez-moi, espèce de brute ! hurlai-je.

Me traînant par la tignasse, Pete garda ses distances et se plaça derrière Eddy qui tenait le motard en joue. Un cylindre glacé se plaqua contre mon cou. Une arme. Encore...

— L'argent, exigea Pete avec une froideur terrifiante, ou je t'en fais de la soupe de cervelle de ta petite chérie.

— Allons, messieurs, temporisa le motard dont la voix m'était familière, inutile d'avoir recours à la menace avec moi. Je veux juste m'assurer que la fille va bien.

Lorsque je levai enfin les yeux vers le négociateur, j'eus le plus gros choc de toute ma vie. Cette voix m'était bel et bien familière. C'était peu de le dire. Je n'avais pas ressenti un tel sentiment de trahison depuis l'épisode 9 de la Saison 3 de *Game of Thrones*. Même la lâcheté de Jasmine ne m'avait pas tant blessée.

Angus Fitzgerald, son casque sous le bras, se tenait devant moi, avec toute la suffisance dont il était capable.

Le salaud !

Ω

— 18 —

— Vous êtes un… un…

Les mots se bloquaient dans ma gorge tant j'étais folle de rage ! Pareilles à de l'acide, les larmes traçaient des sillons brûlants sur mes joues. J'étais hystérique, mon cœur torturé par la main de fer qui l'enserrait avec cruauté. J'avais mal. Bon sang, ce que j'avais mal !

Fitzgerald m'avait trahie !

Il ne pouvait pas ! Il n'avait pas le droit !

C'était un jeu. Une mascarade ! Ce n'était pas vrai…

— Traître ! m'époumonai-je. Vous avez voulu m'embobiner avec vos beaux discours, mais vous n'êtes qu'un traître !

Je hurlai mon désespoir, m'étranglant avec mes sanglots. J'étais déchirée en deux. Complètement anéantie. Je me débattis comme une forcenée, ignorant le Beretta qui meurtrissait la peau de mon cou. Qu'importe si je mourais d'une balle, j'en venais à me demander si cela ne valait pas mieux.

— Elle te connaît ? suspecta Pete qui peinait à me maintenir contre lui.

Eddy, quant à lui, observait la scène sans trop savoir comment réagir, les sourcils froncés, la mâchoire serrée et son flingue pointé vers le négociateur.

Qu'ils nous dégomment tous les deux ! Cela ferait une affaire de moins à régler. Quelle autre issue y avait-il ? La situation m'apparaissait de très mauvais augure.

— Réponds ! exigea Pete qui perdait patience à une vitesse folle.

Fitzgerald regarda mon agresseur droit dans les prunelles, tandis que je braquais les miennes sur lui, bouillonnant de l'intérieur. Il laissa échapper un petit rire arrogant.

— Parle-moi encore une fois de cette façon et je t'arrache la langue !

Il avait proclamé sa menace avec une telle sérénité que mon sang se solidifia dans mes veines. Il pouvait le faire. Il pouvait vraiment le faire. Cela se lisait dans ses yeux.

— Les thunes, intervint Eddy, tu nous les files et on se tire !

Le faux détective leva un index avec nonchalance en direction d'Eddy pour lui recommander d'être patient, puis il se dirigea vers sa moto.

Le traître ouvrit son top case pour en sortir une liasse de billets de 100£ qu'il déplia sous les yeux des deux hommes qui me tenaient encore prisonnière.

— Satisfaits ?

J'avais du mal à y croire. Allait-il m'échanger contre une poignée de livres sterling, à l'instar d'une bête de foire ? Combien valais-je à ses yeux ? Pour quelle modique somme avait-il fixé l'échange ? La bile envahit ma gorge, me brûlant l'œsophage. Mon écœurement n'ayant d'égal que la colère que j'éprouvais alors, je décidai de ne pas me laisser faire. Soudainement enhardie, j'attrapai l'arme contre la gorge, puis activai mon pouvoir, mue par une frénésie puissante et un instinct insoupçonné.

Le canon se changea en or massif sous les yeux ébahis de son propriétaire, paralysé par le choc. Pete fixait l'objet, bouche bée. Profitant de son inattention, je filai à l'anglaise.

À ma plus grande surprise, Fitzgerald profita lui aussi de l'engourdissement des deux voyous pour foncer sur Eddy, le percutant avec la force d'un taureau lancé en plein élan. Les deux hommes se fracassèrent sur le bitume

Je m'apprêtais à prendre la fuite quand un brin de remords me fit tourner la tête vers Fitzgerald, en prise avec le plus robuste des deux bandits. À califourchon sur lui, il semblait avoir l'avantage, mais un coup de poing dans la mâchoire le fit basculer en arrière. Angus n'eut pas le temps de cracher son sang qu'Eddy se releva et lui colla son pied dans l'estomac. Je trépignai, me demandant si je devais intervenir ou non. La trahison que j'avais crue évidente ne l'était plus tant, depuis qu'il avait plongé sur Eddy. Cherchait-il à m'aider en fin de compte ? J'étais perdue, en proie au doute.

Puis, à l'instant où je décidai de lui prêter main-forte, son regard croisa le mien, soulevant mon cœur d'une étrange façon.

— Courez ! crus-je l'entendre me crier juste avant qu'il n'écrase son poing sur le tibia du lourdaud qui le dominait. Allez vous cacher !

Je dansais d'une jambe sur l'autre, incapable de prendre une décision.

Voyant Fitzgerald reprendre du poil de la bête et expédier son adversaire au sol, je me détournai. Je devais déguerpir fissa avant que Pete ne reprenne ses esprits et ne s'intéresse à moi. Je courus alors aussi vite que je le pus. Mais lorsque j'atteignis la voiture, on me saisit par les hanches, coupant mon élan. Je fus tout à coup soulevée de terre avant même de réaliser que quelqu'un m'avait poursuivie. Tâchant de me défaire de l'étreinte de mon ravisseur, je poussai un cri enragé et me débattis de toutes mes forces.

— Où tu croyais aller comme ça, pisseuse ? me cracha Pete à l'oreille.

Je gesticulai, redoublant d'ardeur pour lui échapper. En vain. Sa poigne était trop ferme.

— Comment est-ce que tu as fait ça ? Montre-moi !

De rage, j'agrippai les manches de mon agresseur. J'en avais assez de cette grossièreté et de la manière qu'ils avaient tous de me prendre pour un jouet. J'allais lui montrer de quel bois je me chauffais !

— Tu veux savoir comment je fais ? le provoquai-je. Tu veux vraiment savoir ?

Les doigts serrés sur ses vêtements, prête à les déchirer, je laissai la chaleur du Souffle envahir ma peau et emplir chacun de mes pores. Le picotement de mes paumes était grisant. À mesure que l'or gagnait les fibres de son sweatshirt et son pantalon en jean, Pete s'immobilisait. L'impuissance se lisait sur son visage buriné. Il ne pouvait rien faire, rien contrôler. Rien de plus que le débit impressionnant des insultes qu'il proféra à mon égard. En moins de deux secondes, il se retrouva coincé dans l'armure massive que je venais de lui constituer, incapable de bouger et donc de me retenir contre mon gré.

Il méritait que je le laisse là, livré à son sort et complètement démuni. Lui-même n'avait eu aucun scrupule à m'enlever et à me menacer de son arme. Je n'éprouvais aucune honte à agir de la sorte. Au contraire.

De colère et de frustration, Pete rugit, comme un animal féroce pris au piège alors qu'il pensait faire festin. Était pris qui croyait prendre ! Son visage, déformé par la rage était méconnaissable.

J'allais me détacher de lui quand il attrapa mon poignet de sa main libre. Il la serra si fort qu'il manqua me briser les os. Je grimaçai.

— Libère-moi, salope ! grogna-t-il avec hargne.

Je le défiai du regard, grisée par le sentiment de puissance qui montait en moi.

— Non, fis-je, intraitable.

Dans mes yeux, il ne lisait aucune faiblesse, ni la moindre compassion. Il ne parviendrait ni à m'attendrir, ni à m'intimider. Il ne pouvait plus m'atteindre désormais. Lorsqu'il le comprit, le cornu ouvrit la bouche pour m'insulter, mais son cri s'étrangla net dans sa trachée. Mes yeux se plissèrent tandis que l'incompréhension me gagnait. Au moment où son visage se transforma en or et que sa main, broyant la mienne, devint atrocement froide sous mes doigts, la fatalité me frappa.

Une statue d'or.

Pete n'était désormais plus rien que cela. Figé. Pétrifié.

L'expression horrifiée de sa figure, à jamais fixée dans un rictus de douleur. La sculpture de Laocoon[4], agonisant avec ses fils sous les morsures des serpents, m'avait toujours glacée d'effroi ; celle que j'avais sous les yeux faisait naître un sentiment pire encore.

La culpabilité.

J'éprouvai soudain du mal à respirer, je suffocai. L'horreur mordait mon ventre. Écœurée, je me précipitai pour me dégager des doigts statufiés de Pete. L'étau solide broyait ma main et déchirait la peau de mes phalanges, mais je ne pouvais supporter ce contact un instant de plus. Je geignais, à la fois de douleur et de terreur.

J'avais fait cela, c'était moi qui l'avais condamné. Je l'avais littéralement changé en or. Je l'avais *tué*.

---

4 Sculpture grecque antique exposée au musée Pio-Clementino (Vatican). Elle représente un prêtre troyen, Laocoon, subissant, avec ses fils, le châtiment des dieux pour avoir voulu détruire l'offrande (le cheval de Troie) donnée aux Troyens par l'armée grecque. On voit le personnage se tordre de douleur sous les morsures de serpents de mer avec un réalisme effrayant.

— 19 —

Assise dans la pénombre du parking, j'avais replié les jambes contre mon buste et enfoui ma tête au creux de mes bras. Mes mains, ces appendices maudits, agrippaient, quant à elles, la racine de mes cheveux.

— Louise ?

Angus Fitzgerald, qui avait finalement réussi à assommer son adversaire avec une dextérité remarquable, était accroupi près de moi. Je n'arrivais pas à me contenir, souhaitant plutôt disparaître, me dissoudre dans l'air. C'était tout ce que je méritais.

— Louise, reprenez-vous, murmura Fitzgerald d'une voix douce, ce type méritait bien pire que ce que vous lui avez infligé, croyez-moi.

J'eus un rire amer et relevai la tête vers lui. Mon visage écarlate ruisselait de larmes.

— Qui êtes-vous ? cinglai-je sèchement. Dieu ? Vous pouvez décider qui mérite de vivre ou de mourir ?

Le détective pinça les lèvres, son regard me renvoyait toute sa compassion, mais j'y étais totalement hermétique.

— Je comprends que vous soyez agressive, vous êtes perdue, vous vous sentez coupable. C'est normal, mais n'imaginez pas que cela aurait été plus facile s'il avait survécu. Il vous aurait traquée, Louise ! Faites-moi confiance, il y a déjà bien assez de personnes sur cette terre qui en ont après vous pour en rajouter.

Je m'essuyai les joues, reniflant bruyamment.

— Vous dites ça avec un tel détachement...

Une fossette creusa sa joue.

— Ne me prenez pas pour un insensible, se justifia-t-il, j'aurais préféré que les choses se déroulent autrement, mais je n'ai hélas pas le pouvoir de décider de cela. Si j'avais pu vous éviter de porter un fardeau pareil, je l'aurais fait sans hésiter, mais... comme vous le dites, je ne suis pas Dieu. Tout ce que je peux faire maintenant, c'est m'occuper de vous. Vous devez fermer votre cœur, laisser de côté votre conscience le temps que vous digériez tout cela. Vous avez eu recours à de la légitime défense, Louise, rien de plus. Ne vous fustigez pas inutilement. Vous n'avez fait que répondre à une agression, et pour être honnête, je suis très heureux que vous ayez eu ce réflexe. Vous êtes en mesure de vous protéger vous-même, de protéger le don que vous avez reçu et je dois dire que cela m'impressionne. Qui aurait cru qu'une crevette comme vous en avait autant dans le ventre ?

Je haussai un sourcil.

— Vous essayez de me faire rire ?

Il sourit.

— Est-ce que ça marche ?

Je ne répondis rien. Néanmoins, je devais avouer que mon cœur était un peu moins lourd. La culpabilité continuait de me ronger et je ne pensais pas être un jour capable de me débarrasser de ce sentiment douloureux, mais parler avec Angus me réconfortait. Son timbre était doux et ses mots sonnaient juste, il savait y faire. C'était agréable.

— Je ne suis pas une crevette, déclarai-je au final.

Je mesurais près d'un mètre soixante-treize. La plupart des filles de ma classe me considéraient comme une géante.

Il rit. Le son franc qui sortit de sa bouche sembla enrober mon cœur de miel délicieux.

— Non, en effet, vous ne l'êtes pas, reconnut-il de bonne foi, mais à côté de moi vous faites office de brindille.

— Comme n'importe qui, soulignai-je, vous êtes assez impressionnant !

Ses yeux mordorés se plissèrent dans une expression

maligne.

— Serait-ce un compliment, Miss Fawkes ?

Je le défiai d'un regard.

— Si vous considérez qu'être comparé à une armoire à glace en est un.

Il ricana, puis se redressa.

Assise par terre, sa taille me parut plus imposante encore. Il se passa une main dans les cheveux, ne sachant pas comment aborder la suite des évènements.

— Je dois couvrir nos traces, m'informa-t-il en retrouvant son sérieux, je peux vous laisser seule un moment ?

Je n'en savais rien. L'idée d'être à nouveau livrée à moi-même révéla des angoisses enfouies, mais je ne devais pas les laisser m'envahir, sans quoi j'étais perdue. Fitzgerald dut lire dans mes prunelles l'affrontement qui faisait rage en moi et me gratifia à nouveau de son sourire bienveillant.

— Vous êtes plus forte que vous ne l'imaginez, Louise, affirma-t-il. Vous me l'avez démontré ce soir. Vous vous en sortirez...

Je soupirai, peu confiante contrairement à lui. Mais avais-je le choix ?

— Revenez vite.

— Ne vous en faites pas, Louise, je n'aurai pas le temps de vous manquer...

Il laissa sa phrase en suspens puis me fit un clin d'œil. Je ne réalisai pas tout de suite, mais lorsqu'il me tourna le dos, mes lèvres s'étaient figées dans un sourire.

Mon protecteur dut redoubler d'effort et d'inventivité afin de faire basculer la statue d'or dans la voiture qui m'avait conduite jusqu'ici. Le poids de la sculpture abîma un peu la carrosserie, mais Fitzgerald parvint à ses fins. Sa force, en toute vraisemblance, allait au-delà de celle d'un simple humain. Possédait-il un quelconque lien avec Héraclès ? Cette question me piqua lorsque je le vis hisser Eddy sur ses épaules et le placer sur le siège avant.

Lorsqu'il nota que je l'observais, le rose me monta aux joues. Avec un sourire fier, il se délesta de son fardeau et se frotta les paumes l'une contre l'autre avant d'avancer vers moi. Son assurance le rendait si séduisant que mes jambes manquèrent de céder sous mon poids de midinette.

— Préparez-vous à partir dès mon retour, me conseilla Angus lorsqu'il parvint enfin à ma hauteur, je ne veux pas que nous nous attardions ici. L'homme qui a enrôlé ces pauvres types doit commencer à se douter que quelque chose cloche. Il ne tardera pas à lancer des recherches et mieux vaut que nous soyons déjà loin lorsque cela arrivera.

Il esquissa un mouvement pour me prendre la main, mais je me reculai vivement, affolée.

— Non ! criai-je d'une voix cassée, évitez de me toucher ! Je... je ne veux pas que vous vous changiez en or vous aussi !

Une ride marqua son front. Il ne dit rien pendant un court instant puis saisit mes doigts entre les siens. Je me raidis, l'effroi me paralysait. Je tâchai aussitôt de me dégager, mais il ne me laissa pas faire.

— Lâchez-moi... , geignis-je, s'il vous plaît...

— Contrôlez-vous, Louise, m'intima-t-il avec calme, vous ne voulez pas me faire de mal, n'est-ce pas ? Maîtrisez-vous...

Mes yeux s'humidifièrent, une multitude d'émotions faisait rage dans mon esprit.

— Respirez...

Terrifiée à l'idée de voir son visage se statufier d'un moment à l'autre, je fermai les yeux. Là, une chaleur m'envahit, comme si une entité invisible me prenait dans ses bras, cherchant à me consoler, à m'accompagner.

Le Souffle, pour la deuxième fois de la soirée, me témoignait son amitié.

Lorsque je repris conscience du monde qui m'entourait, Angus Fitzgerald me tenait toujours la main et il était encore de chair et d'os. *Par miracle*, ne pus-je m'empêcher de songer. Je vins me soustraire à son contact et le gratifiai d'un regard accusateur.

— Vous auriez eu l'air fin si mon pouvoir s'était activé ! le sermonnai-je.

La moue narquoise qu'il afficha me fit bouillir.

— De quoi vous plaignez-vous ? ironisa-t-il. Vous auriez pu me revendre à un musée ! Avec mon corps d'athlète, la statue aurait valu son pesant d'or, j'en suis sûr…

Cela le fit rire. Pas moi. Je lui fus reconnaissante de ne pas insister davantage.

Il plongea la main dans la poche arrière de son pantalon en cuir élimé qui, je ne pus m'empêcher de le remarquer, soulignait à la perfection le galbe de ses cuisses musclées. Il en sortit une paire de gants fins, brodée d'un fil étrangement luisant.

— Mettez ça, vous n'aurez plus à songer à votre don à chaque fois que vous touchez quelque chose. Le temps que vous le contrôliez, tout du moins.

Quelque chose, ou quelqu'un…

— Ces gants ont été confectionnés avec du fil d'Ariane, m'expliqua-t-il, ils contiendront le Souffle.

En fil d'Ariane ? Rien que cela.

Sans dire un mot, je les enfilai, prenant soin de ne pas entrer en contact direct avec la peau de Fitzgerald. Ce dernier me sourit, puis me demanda de rester là tandis qu'il s'éloignait avec la voiture de mes kidnappeurs.

Les yeux fixés sur les gants luisants, des sentiments contradictoires m'envahirent alors. Ces protections n'effaçaient pas la peur tapie au creux de mon estomac, mais apportaient un soulagement suffisant. Malgré ça, j'avais honte. Sans comprendre réellement pourquoi, la culpabilité d'imposer une barrière entre le Souffle de Midas et moi me rongeait. Celle de n'être pas encore capable de lui faire pleinement confiance. Celle d'avouer qu'il m'effrayait. Après avoir songé à l'abandonner, je l'empêchai à présent d'établir ce contact qui nous était nécessaire pour vivre en harmonie. J'étouffai l'étincelle avant même d'avoir permis à la flamme de prendre.

Quelque chose, pourtant, venait de changer. Comme une certitude en toile de fond, qui promettait de s'affirmer avec le temps. L'idée que nous étions liés, lui et moi, quoi qu'il arrive, quelles que puissent être mes craintes.

Angus revint près de moi à peine dix minutes plus tard, chassant ainsi mes idées moroses. Il était à pied. J'ignorais où il avait conduit les deux hommes, mais cela ne devait pas être loin. Puis, au fond, je préférais ne rien savoir.

Il sortit un blouson renforcé de son top case et me le tendit. Je remarquai qu'il n'y avait pas le moindre billet de banque à l'intérieur de son bagage, à l'exception de la liasse qui lui avait servi d'alibi un peu plus tôt.

— Je peux vous poser une question ?

Angus, qui était sur le point d'enfiler son casque, tourna le visage vers moi.

— Allez-y.

— Comment est-ce que vous m'avez retrouvée ?

Ses lèvres se retroussèrent à peine.

— Je ne vous ai pas vraiment quittée, vous savez...

Touchant. Ou peut-être un peu flippant. Je n'arrivais pas à me positionner.

— Quand j'ai vu ces deux types vous embarquer, je n'ai eu qu'à les suivre.

Je fronçai légèrement les sourcils.

— Vous aviez leur numéro de téléphone, vous...

— Non, rigola-t-il, je connais juste un petit génie en informatique. Mon amie, Roxane, que vous rencontrerez bientôt, est une hackeuse très douée.

Il avait piraté leur téléphone, évidemment...

— Celui qui en a après vous court toujours, Louise, il doit s'impatienter quelque part. Ne traînons pas...

J'acquiesçai, pressée de quitter ce foutu parking.

Je revêtis aussitôt le blouson qu'il m'avait prêté ; bien trop large pour moi, mais il ferait l'affaire. Il valait mieux cela que de crever de froid. Fitzgerald m'aida ensuite à enfiler un casque, puis enfourcha son bolide à deux roues, me faisant signe de m'installer derrière lui.

D'abord, je fus gênée de ce contact rapproché, mais lorsque la moto démarra, je me cramponnai sans rechigner à sa taille. J'avais horreur de ces engins de malheur. La vitesse m'effrayait. Dans un vrombissement, nous perçâmes l'obscurité.

— 20 —

Jamais, de mon existence, je n'avais eu autant envie d'une *pasty* à déguster sur le sable de *Gyllyngvase*. Moi, le doux chant du ressac, celui d'une mouette ou deux, le crépuscule qui teintait la mer d'orangé et la chaleur réconfortante de cette délicieuse tourte à la viande serrée dans ma paume. C'était anodin, presque futile, mais j'avais l'eau à la bouche au souvenir du goût de la pâte, du bœuf mariné et des pommes de terre. J'en avais mangé des dizaines, un casse-croûte typiquement *cornish*, qui m'apparaissait alors comme un met précieux. Un morceau d'avant.

Avant…

Ce qui constituait mon quotidien la veille pouvait-il déjà se conjuguer au passé ? Falmouth me paraissait si loin et je ne parlais pas de la distance qui me séparait du port qui m'avait vu grandir. Mon détachement allait au-delà. Y retourner me paraissait incongru, déplacé. Je n'avais quitté le sol de Cornouailles que quelques heures plus tôt, mais il me manquait déjà. Ma terre, mon chez-moi. Pourtant, je savais que ma place n'était plus là-bas. La tristesse que cela provoquait en moi n'y changerait rien.

En quittant le parking, nous avions pris la direction opposée, et cela ne m'étonnait pas. Angus Fitzgerald savait comme moi que ma sécurité, tout comme celle de mes proches, était compromise à Falmouth. Nous devions partir. Un accord tacite passé entre lui et moi, avant même que nous enfourchions la moto. Cela m'apparaissait comme une évidence, la suite logique des choses. Avaler la couleuvre était plus difficile que je ne l'avais estimé.

Il était deux heures du matin, passées d'environ une demi-heure, lorsque nous fîmes halte sur une aire d'autoroute aux environs de Portsmouth, en Southampton. J'étais frigorifiée, et cela malgré le blouson en cuir rembourré que j'avais porté tout au long de notre trajet. Si Angus avait froid, il ne laissait rien transparaître. Cet homme était un titan ou je ne m'y connaissais pas !

Après avoir fait le plein d'essence, mon compagnon de route glissa une pièce de 2£ dans ma main et me sourit.

— Allez vous payer un thé, cela vous réchauffera. Je vais acheter de quoi vous remettre en forme et prévoir quelques affaires pour la traversée.

— La traversée ? relevai-je.

— Nous prendrons le ferry pour le Havre dans quelques heures.

— Nous allons en France ?

La France, ce pays voisin dans lequel je n'avais jamais mis les pieds. À bien y réfléchir, je n'avais d'ailleurs jamais quitté le Royaume-Uni. Cela m'intimidait quelque peu.

— Dans un premier temps, me confirma Fitzgerald. Allez avaler quelque chose de chaud, Louise, et essayez de ne plus me poser ce genre de questions dans un lieu public, je ne peux pas vous répondre dans ces conditions.

Je hochai la tête et le regardai s'éloigner dans les rayons de la supérette. Un sentiment de vide m'enveloppa sans que je ne puisse le prévenir. Le mal du pays, l'angoisse, la peur d'être seule aussi sans doute. Les remords, enfin. Si j'avais conscience qu'un retour en Cornouailles était impossible, cela me fendait néanmoins le cœur d'abandonner mes proches sans le moindre mot d'adieu. Savoir que je quittais le pays avant l'aube ravivait ce sentiment douloureux. Il était tard, et je n'avais pas donné signe de vie depuis que j'avais commencé mon service chez *Crystals*. Je me représentais à la perfection ma mère assise à la table de la cuisine à se mordre les pouces et mon frère, incapable de tenir en place, faisant les cent pas, à passer en revue tous les scénarii possibles. Une torture que je ne me sentais pas capable de leur infliger plus longtemps.

Je fixai la pièce de monnaie que m'avait confiée Fitzgerald, je ne fus pas longue à prendre ma décision. Dénichant une cabine téléphonique libre, je glissai mes 2£ dans la fente prévue à cet effet et composai le numéro de portable de Marshall, je préférais la colère de mon frère plutôt que l'hystérie de ma mère. Deux tonalités. Pas une de plus. Un pincement au cœur me saisit au moment où s'éleva la voix de mon aîné.

— Lou ?

Ce n'était même pas mon numéro qui s'était affiché sur son écran, j'avais de toute manière laissé mon téléphone portable dans mon sac, chez *Crystals*, mais il avait deviné sans peine que j'étais son interlocutrice. Qui d'autre aurait essayé de le joindre à une heure pareille ? Son inquiétude, même à l'autre bout du fil, était palpable.

— Marshall, oui, c'est moi ! m'écriai-je un peu trop fort.

— Bon sang, mais où es-tu ? Maman et moi, on est super inquiets !

— Je ne peux pas te le dire, Marshall, mais je vais bien. Dis à Maman que je vais bien.

Ma voix chevrotait sans que je ne puisse la contrôler. J'étais au bord des larmes et tâchais de ne pas craquer tant que j'étais au téléphone. Leur transmettre mon angoisse n'était pas utile.

— Arrête tes conneries, tu me fais peur, Louise...

Je déglutis difficilement avant de reprendre.

— Je ne peux rien te dire, Marshall, mais je suis en sécurité. Crois-moi. Je vais bien, mais je vais devoir m'absenter pour un petit moment et... Marshall ? Marshall, tu m'entends ?

Le son monocorde dans le combiné m'indiquait que la communication avait été coupée et pour cause, Fitzgerald appuyait sur le clapet qui maintenait la ligne ouverte ou, en l'occurrence, fermée.

Le regard noir qu'il me lança en disait long.

Il était furieux au point que ses iris, d'ordinaire d'un doré chaud, tiraient sur l'ocre, presque rouge. Il gardait sa mâchoire serrée, il bouillait, sur le point d'exploser. De prime abord, Angus Fitzgerlad était d'un naturel calme et apparaissait comme un homme capable d'une grande maîtrise de lui-même, pourtant, une pulsion colérique semblait soudain l'animer. Une saute d'humeur qui me rappelait celle qu'il n'avait pas réussi à contenir après notre conversation au café. Confuse, je le fixai bêtement. Quelle moutarde lui montait au nez ? Je n'avais rien fait de mal.

— Est-ce que vous vous fichez de moi, Louise ?

— N... non, mais...

— C'est de la rhétorique ! Ne pouvez-vous pas vous tenir tranquille ? Faut-il vous suivre jusqu'aux toilettes pour être certain que vous ne mettez pas votre vie en danger, dites-moi ?

Le ton condescendant qu'il employait avec moi fit naître un goût d'amertume dans ma bouche. Piquée, je ravalai ma bile aussi sec, bien décidée à lui rabattre son caquet. Quoi que j'aie pu faire, cela ne justifiait en rien la manière dont il venait de me parler. Les bras croisés, je levai le nez fièrement.

— Descendez d'un cran, *Fitz* ! Ma vie n'est pas en danger, parce que je préviens mes proches pour les rassurer, il n'y a pas de mal à ça...

— N'avancez rien que vous ne puissiez tenir pour certain. Moins votre famille en saura, mieux elle se portera, croyez-moi ! Nous ne sommes pas tirés d'affaire, Louise, tâchez d'imprimer ça. Que leur avez-vous dit au juste ?

Me mordillant l'intérieur de la joue, je fulminais. Mauvaise, je ricanai.

— Je peux répondre maintenant ? Ou est-ce de nouveau de la rhétorique ?

— Vous êtes impossible ! s'exaspéra mon compagnon de route.

— Et vous, vous ronchonnez pour un rien !

Nous nous fixâmes un moment, en chiens de faïence. Hausser le ton ne lui apporterait jamais l'avantage sur moi, j'avais horreur qu'on me prenne de haut et entendais bien le lui faire comprendre. Au bout d'un moment, il soupira. Réprimant un sourire de contentement, je réceptionnai de justesse le sac qu'il me lança.

— Brosse à dents, dentifrice, culottes propres, lingettes démaquillantes, énuméra-t-il tandis que je jetai un œil à l'intérieur, je vous ai pris un pull chaud également. Cela vous évitera de grelotter derrière mon dos.

Il m'avait acheté des culottes ? Le *summum* de l'humilation. Je préférai ne pas relever.

—Vous pensez vraiment que je vais passer mes journées à faire la belle pour vous alors qu'on est en cavale ? raillai-je. Il y a plus utile que des lingettes démaquillantes, comme...

Les lèvres d'Angus s'étirèrent avec malice au moment où il pêcha un paquet rose dans le sac en plastique.

Insertion facile. Ultra-absorbants. Antiodeur. 100% antifuite.

Eh merde... il m'avait pris des tampons.

— Comme ceci par exemple ?

Je dus rougir, à constater par la fossette qui creusait la joue de mon acolyte, cela semblait évident. J'allais lui rétorquer de ravaler son sourire satisfait quand il prit une voix aiguë, comme pour imiter un timbre féminin. Le mien en l'occurrence.

— « Merci, Angus ».

Je levai les yeux au ciel.

Fiche-toi de moi, petit malin, je n'ai pas dit mon dernier mot.

— Merci... *Fitz.*

À l'énoncé de ce nouveau sobriquet, Angus pouffa.

— Têtue, hein ?

— Vous n'avez pas idée.

Il rit à nouveau tandis que je me dirigeais jusqu'aux toilettes pour me changer. J'espérais au moins que le pull était à ma taille.

Ω

— 21 —

Toujours fâchée contre Angus, je ne lui adressais la parole que quand j'y étais forcée. Heureusement pour moi, mon acolyte se concentra sur la route et n'ouvrit quasiment pas la bouche de tout le trajet. Quant à moi, je ne m'enlevais pas de la tête le tremblement que j'avais perçu dans la voix de mon frère, finissant par me demander si les effets de ce maudit coup de fil n'avaient pas été plus néfastes qu'autre chose. Loin de moi l'idée de donner raison à mon compagnon de route, j'étais au contraire persuadée que d'avoir raccroché de manière si abrupte n'avait fait qu'empirer la situation. J'imaginais mal mon frère se contenter des quelques mots que nous avions pu échanger. Je ne savais pas quoi faire pour apaiser ses craintes. Éloignée de tout, sans la moindre ressource, ni même une vague idée de ce que me réservait l'avenir, j'étais complètement démunie.

Lorsqu'Angus et moi parvînmes enfin à Portsmouth, nous embarquâmes sur le ferry de 4h29. La traversée, comme nous l'indiqua un membre de l'équipage en validant nos billets, allait durer environ huit heures. L'occasion pour nous de prendre un peu de repos. Je devais admettre que nous ne l'avions pas volé.

Notre cabine ressemblait à un cagibi, mais elle ferait l'affaire pour une nuit, ou plutôt une journée puisque le soleil ne tarderait pas à se lever. Je n'avais qu'une idée en tête, prendre une douche brûlante et m'assoupir. La salle d'eau se trouvait sur ma droite, aussi spacieuse qu'un placard à balais. J'espérais seulement que les serviettes étaient fournies, car je n'avais aucune affaire avec moi, hormis celles que m'avait achetées Angus sur l'aire d'autoroute, et je n'envisageais pas d'aller me sécher en tenue d'Aphrodite sur le pont du bateau. L'air marin était revitalisant, certes, mais l'idée ne me plaisait guère.

— Droite ou gauche ? me demanda soudain Angus en désignant les couchettes.

Je lui lançai le regard le plus nonchalant que j'avais en rayon et soupirai avec une lassitude feinte.

— Pourquoi me consulter puisque vous avez pris le pli de faire des choix à ma place ?

Angus grimaça, accusant le coup.

— Oh, allez ! Déridez-vous, Louise. Vous n'allez pas m'en vouloir toute la nuit !

— Vous le mériteriez, lui fis-je remarquer. Était-ce trop demander que de prévenir ma famille pour leur dire que j'étais en parfaite sécurité ?!

— Venons-en justement au fait : vous n'avez pas *demandé*.

Je poussai un soupir agacé.

— Vous jouez sur les mots.

— Et vous, vous faites preuve d'inconscience, m'accusa-t-il.

Notre conversation, une fois de plus, était vouée à stagner. L'un comme l'autre, nous campions sur nos positions. Je pouvais être une vraie mule quand je le voulais, un crâne dur comme un caillou. Il fallait souvent ruser pour me faire céder, mais j'avais l'intuition qu'Angus Fitzgerald avait de l'endurance. Qu'importe, je l'aurais à la longue !

Nous nous toisâmes un moment sans broncher, puis, Fitzgerald craqua le premier.

Yes !

Il balança sa main en l'air, d'un mouvement nerveux, puis soupira.

— Faites donc ce que vous voulez ! Mais ne venez pas vous plaindre lorsqu'on vous aura capturée !

— Je ne vous ferai pas ce plaisir, cinglai-je en saisissant la poignée de la porte d'entrée.

Fitzgerald m'observa de la tête aux pieds, l'air étonné.

— Où allez-vous ?

— Prendre l'air ! Dois-je vous faire signer une autorisation écrite pour ça aussi ?

Avec hargne, je claquai la porte de la cabine derrière moi et me dirigeai vers le pont du ferry. L'air marin imprégnait déjà les couloirs ; j'aimais cette odeur, pourtant, elle ne parvint pas à m'apaiser cette fois-là. Des frissons recouvrirent subitement mes membres, me secouèrent de tremblements. Je traversai le restaurant à vive allure, puis je franchis la première porte que je trouvai à ma portée.

La brise souleva instantanément mes cheveux et me fit tressaillir. Je me frictionnai les épaules, la rugosité des gants que m'avait offerts Fitzgerald me griffa légèrement la peau. Ils constituaient une protection contre l'imprévisibilité de mon don, mais ils n'étaient malheureusement pas très confortables. Ils me rappelaient les pulls en laine que me tricotait ma grand-mère lorsque j'étais plus petite, ils me démangeaient de la même manière.

J'ignorais s'il me faudrait les porter pour le reste de mon existence, j'espérais bien que non. Je trouvais qu'ils me donnaient un air de petite bourgeoise, moi qui adorais manger mes frites avec les doigts, cela sonnait plutôt faux. Je fis la grimace, mais ne me résolus pas à les ôter pour autant. Depuis que je les portais, j'éprouvais une certaine sérénité, de ce point de vue là du moins. Je n'avais plus la trouille de transformer ce que je touchais en or par inadvertance, c'était un soulagement que je ne pouvais pas me permettre de négliger. Le visage de Pete, déformé par la douleur, restait gravé sous mes paupières, je ne souhaitais pas ajouter une nouvelle tête sur mon ardoise.

J'espérais être un jour capable de maîtriser parfaitement le Souffle. En attendant, je devais apprendre à vivre avec, l'apprivoiser, le protéger aussi. Fitzgerald avait beau prétendre que j'en avais la force, je n'en étais absolument pas convaincue.

Je jetai un œil par-dessus mon épaule. Il ne m'avait pas suivie. Étrangement, j'en éprouvai une certaine déception. Au fond de moi, j'avais espéré qu'il me retienne et qu'il, croyons aux miracles, s'excuse d'avoir été un tel peigne-cul.

Je me rapprochai de la rambarde puis tournai mon visage vers la côte qui s'éloignait. Le jour n'était pas encore levé et je ne distinguais que les lumières dansantes de Portsmouth. L'Angleterre. Cette île qui avait toujours été mon foyer et qui ne le serait bientôt plus. C'était un peu fataliste, mais j'avais la sensation de quitter ma terre natale pour toujours.

La maison est derrière, le monde est devant...

Je soupirai, accusant le poids de cette nouvelle vie qui m'arrachait à l'ancienne. Reverrais-je un jour ma mère ? Mon frère ? Quelle serait la réaction de mon père lorsqu'il reviendrait de mission ? Me ferait-il rechercher dans tout le pays ? Scannerait-il toute la surface du globe ? Je l'en croyais parfaitement capable et si une part de moi en rêvait, l'autre était bien forcée d'admettre que cela ne changerait rien à la situation.

Ce n'était pas ma vie qui avait changée, mais bien moi. Comme ne cessait de me le rappeler Fitzgerald, j'avais un don précieux à protéger et je ne pouvais pas l'oublier.

Je m'étonnai d'accepter si facilement le fardeau qu'on imposait à mes épaules. Quelques jours plus tôt, j'étais prête à me débarrasser du Souffle de Midas, je l'avais considéré comme un parasite, une malédiction. Qu'est-ce qui avait changé ? J'étais incapable de le dire. Était-ce possible de craindre quelque chose tout en étant intimement persuadé qu'il faisait partie intégrante de nous ? Que de s'en séparer arracherait une partie de notre âme ? Cela dépassait mon entendement, défiait toute vraisemblance et pourtant cela me semblait juste.

Lui et moi étions comme deux étrangers qui, d'un accord tacite, avaient choisi d'apprendre à se connaître, à s'apprivoiser l'un l'autre.

La fraîcheur de la nuit me fit soudain prendre conscience

que je pleurais, mes joues glacées par mes larmes. J'étouffai un rire nerveux, puis reniflai avant de me laisser aller.

J'étais loin de chez moi, on me poursuivait pour un don que je ne maîtrisais pas et j'ignorais où l'on me conduisait. Je me sentais perdue. Le monde aurait pu s'écrouler sous mes pieds, j'aurais ressenti exactement la même chose qu'en cet instant. Un vide. Un vide immense qu'il me semblait impossible à combler.

Ω

Il se passa un peu plus d'une demi-heure avant que je ne sois de retour à la cabine, mon esprit était comme ankylosé, à l'instar d'un muscle que j'aurais trop stimulé. Je ne rêvais que de me blottir dans mes draps et m'endormir enfin.

L'obscurité de la chambre n'était perturbée que par un rai de lumière lunaire que diffusait l'unique hublot au-dessus des lits jumeaux, aussi n'osais-je pas faire trop de bruit. Fitzgerald, allongé sur le ventre, avait finalement investi le couchage de gauche. La légère lueur bleue dans laquelle baignait la cabine dansait sur ses muscles, éveillant en moi un curieux frémissement. Jamais je n'avais vu un dos pareil, il semblait sculpté dans du marbre, avec toute la perfection que cela impliquait. Je déglutis puis me détournai vivement de cette vision déstabilisante pour m'engouffrer dans la salle de bains.

Vu l'étroitesse de la pièce, je dus me tortiller pour parvenir à me déshabiller, me cognant contre les murs, le lavabo et les parois de la douche. Pour la discrétion, c'était loupé. Après quelques minutes de bataille, je me glissai enfin sous le jet d'eau qui, malheureusement, était plus tiède que chaud. Voire même presque froid. Je me savonnai en hâte, me rinçai puis je ressortis aussi vite que j'étais entrée. Remettant la détente à plus tard, je m'emmitouflai dans une serviette minuscule puis me séchai. N'ayant pas à ma disposition un pyjama digne de ce nom, je me contentai d'un ensemble tee-shirt/culotte fourni par la maison

Fitzgerald.

Je glissai ma tête hors de la salle d'eau pour vérifier que mon compagnon de voyage dormait bel et bien, puis courus jusqu'à ma couchette avec la discrétion d'un éléphant dans un magasin de porcelaine. Je m'enroulai dans mes draps, le cœur battant la chamade, puis m'étendis sur le ventre comme l'avait toujours préconisé mon père pour éviter d'être dérangée par le mal de mer.

Je m'efforçais de trouver le sommeil malgré les nausées et les maux de tête, davantage causées par le Souffle que par le mouvement presque imperceptible du ferry, quand la voix de Fitzgerald me fit sursauter.

— Vous êtes calmée ?

Je rouvris les yeux sans toutefois formuler la moindre réponse.

— J'ai conscience que vous vous sentez dépassée par la situation, Louise, continua-t-il avec douceur, mais vous verrez, avec le temps, vous finirez par vous adapter et cela ne vous paraîtra plus si difficile.

À nouveau, je gardais le silence. Du moins dans les premiers instants. Je ruminai une seule et même question.

— Pourquoi ai-je confiance en vous, Fitzgerald, pourquoi est-ce que je vous suis aveuglement ?

— Angus. C'est mon prénom, Louise...

— Ne détournez pas ma question.

Il pinça ses lèvres, sans toutefois que cela passe pour un signe d'agacement.

— Ai-je déjà agi de manière à ce que vous doutiez de mon honnêteté ? Telle est la vraie question qu'il faut vous poser Louise.

Non. La réponse me vint presque aussitôt, aussi ne pus-je pas la réfuter.

L'évidence parlait d'elle-même.

— Je suis votre *Gardien*, Louise, celui qui doit vous protéger, reprit-il, et cela au péril de ma vie s'il le faut...

J'éclatai de rire. Dans le noir, je le vis lui aussi esquisser un sourire.

— Ne tombez pas dans le mélo, Angus, je vais finir par croire que vous m'aimez bien.

— Dormez, répliqua-t-il en riant, cela vous évitera de déblatérer des âneries.

Sans me laisser prier, j'étreignis mon oreiller et m'assoupis dans la minute.

Ω

— 22 —

Après quelques heures de sommeil, assez maigres à mon goût, nous nous attablâmes au restaurant du ferry pour profiter d'un petit déjeuner bien mérité, tandis qu'autour de nous, le repas du midi était servi. Cafés et croissants nous furent apportés. Je m'apprêtai à avaler un morceau de ma viennoiserie quand je manquai de m'étouffer.

— Qu'est-ce que vous faites ? m'enquis-je alors en grimaçant.

Angus releva des billes étonnées vers moi. Il baissa les yeux vers sa tasse, puis revint vers mon visage, confus.

— Quoi ? fit-il la bouche pleine.

— Vous trempez votre croissant dans votre café, c'est écœurant, vous mettez des miettes plein votre tasse ! l'accusai-je en réprimant un frisson de dégoût. Vous avez à boire et à manger là-dedans !

Il ricana avant de recommencer son petit manège. Je plissai les narines.

— C'est adorable la manière dont vous dites « croissant », me charria-t-il, dites-le à nouveau pour voir ?

Je levai les yeux au ciel. *Quel gamin !*

Il le disait avec un parfait accent français contrairement à moi ? Et alors ?

— Si une prononciation parfaite va de pair avec le fait de manger comme un goret, je m'en passe volontiers !

Il rit de plus belle. Je l'ignorai et déchirai un bout de ma viennoiserie pour le gober tout rond. Une fois que nous eûmes tous deux fini nos boissons et moi terminé de faire la tête, je joignis mes doigts gantés sur la table, bien décidée à aborder les choses sérieuses.

— Donc… où allons-nous ?

Il arqua un sourcil.

— Vous savez bien que je ne peux pas vous en parler maintenant, se déchargea-t-il, vous le saurez en temps voulu, ne vous inquiétez pas.

Je soupirai d'exaspération.

— Je m'inquiète justement ! Vous avez de la chance que j'accepte de vous suivre, Fitz…

— Angus.

— Oui, peu importe ! Vous ne me révélez strictement rien, vous me trimbalez à droite à gauche et vous ne répondez pas à mes questions. Vous n'arrêtez pas de dire que tout ça, c'est pour ma sécurité, mais ayez un peu de compassion. Donnez-moi du grain à moudre, un détail, n'importe quoi !

Il me fixait, impassible. Dieu que j'avais horreur de ce regard-là, j'avais l'impression qu'il me sondait de long en large. Une sensation des plus désagréables. Je préférais de loin lorsqu'il piquait une crise, au moins je savais comment réagir.

— Je le ferai, Louise, mais pas maintenant. Soyez patiente, d'accord ?

Je croisai mes bras sur ma poitrine et détournai le regard, fâchée.

— Vous me faites confiance, non ?

Bon Dieu, ce qu'il était saoulant avec ça !

— Mais bien sûr ! explosai-je. Je ne serais pas là sinon ! Souvenez-vous que la confiance, ça se perd mon cher alors faites gaffe !

Sur sa joue mal rasée se creusa une fossette.

— Vous êtes rigolote quand vous cherchez à avoir de l'autorité, Louise…

Je le fusillai du regard, l'air mauvais.

— Je vous emmerde ! cinglai-je avant de bondir de ma chaise.

Ω

Nous accostâmes au Havre, et reprîmes la moto aussitôt. À mon grand dam, il ne faisait pas plus chaud de l'autre côté de la Manche, c'était un mythe. Cramponnée à Angus, je grelottais malgré le pull qu'il m'avait conseillé de porter sous mon blouson. En plus d'avoir à supporter le traumatisme de rouler à droite, je devais empêcher mes dents de claquer, gaspillant mon énergie pour maintenir mon corps à température.

Cela faisait moins d'une heure que nous roulions sur l'autoroute quand Angus appuya soudain sur l'accélérateur, avant de se décaler brusquement sur la voie la plus à gauche. Surprise, je tressaillis. Que lui arrivait-il ?

— Louise, accrochez-vous à moi ! cria mon compagnon de route dans le micro du casque.

— Q... quoi ?

— Accrochez-vous !

Je compris où il voulait en venir lorsque son accélération subite manqua de me faire basculer en arrière. Je me plaquai à son dos, l'enserrai davantage à la taille tandis que le bolide atteignait une vitesse sans aucun doute interdite par la loi.

Nous doublâmes plusieurs véhicules roulant, eux, à l'allure maximale autorisée. Je n'avais pas les yeux rivés sur le compteur, mais j'étais prête à parier que nous n'étions pas loin des 200 km/h. Je n'avais jamais été à l'aise avec la vitesse, si bien que je devais fournir un effort colossal pour ne pas me faire dessus.

Je n'arrivais pas à saisir la raison de ce brusque revirement de situation. Deux explications s'imposaient à moi : soit Angus était fou, soit nous avions un problème et dans les deux cas, cela ne laissait rien présager de bon.

— Qu'est-ce qui se passe ?! hurlai-je dans mon casque.

Angus grogna. Lui aussi était obligé d'élever la voix pour couvrir le boucan que faisait le moteur de la moto poussé à fond. Le grésillement était agaçant, mais c'était le seul moyen que nous avions pour communiquer.

— Nous avons été repérés, m'informa-t-il. La voiture blanche, je pense qu'elle nous suit.

Mon cœur se stoppa. Dans le rétroviseur, j'aperçus une Volvo qui slalomait entre les véhicules, roulant assez vite pour attirer les soupçons.

Un mec cagoulé aurait tout aussi bien pu me courser avec une tronçonneuse ensanglantée à la main, ma trouille aurait été la même. Elle se trouvait d'ores et déjà à son paroxysme de toute manière.

— Ne paniquez pas, je vais la semer !

Sans fioriture, Angus donna un violent coup de frein et, comme si c'était la chose la plus naturelle à faire dans une telle situation, amorça un demi-tour sur l'autoroute. Demi-tour. *Sur l'autoroute.* Je crus mourir dans l'instant.

— Ah ! Mais vous êtes malaaade !

Il ne me répondit pas. Donnant de l'impulsion à son bolide, il fila entre les voitures qui klaxonnaient et tentaient de nous éviter. J'étais sur le point de vomir mes tripes.

Gauche, droite, gauche.

Klaxon tonitruant.

Gauche. Accélération.

Mon pauvre cœur manqua de lâcher à plusieurs reprises.

Mes mains se crispaient sur le cuir épais du blouson d'Angus et mes dents crissaient comme les pneus des voitures sur la route. Je beuglais comme une dératée, persuadée que l'heure de mon trépas était proche.

— Ma parole, vous voulez rivaliser avec les Harpies[5] ?

5 Dans la mythologie grecque (et romaine) les harpies sont les divinités de la dévastation et de la vengeance divine. Elles ont un corps d'oiseau et une tête de femme (ou de fillette selon les versions), vivant sur les grogna soudain Angus, calmez-vous, Louise, j'ai besoin de me concentrer !

Je ne répondis rien, ne parvenant pas à m'apaiser. Les muscles de mon corps semblaient convulser, sans que je ne puisse rien faire pour les contrôler. Horrifiée à l'idée de tomber, je ne pouvais me focaliser sur rien d'autre que sur mon équilibre menacé, m'attachant à Angus comme à une bouée.

Au moment où nous dépassâmes la Volvo, celle-ci fit rugir son moteur et tenta une marche arrière pour nous rattraper, se souciant peu des autres véhicules qu'elle heurtait dans un grincement de tôle et de pneus. Le chauffard était prêt à provoquer des accidents rien que pour nous avoir. On marchait sur la tête. C'était un cauchemar !

Que cela se termine. Vite !

Mon cœur cognait dans ma poitrine, manquant de me rompre les os.

Angus, loin d'être perturbé, continuait de zigzaguer de droite à gauche, avec une maîtrise parfaite de sa bécane. Le vacarme de tous les diables qui résonna derrière nous indiqua que notre poursuivant avait forcé le barrage des voitures agglutinées devant de lui, se relançant probablement à notre poursuite. Pour rien au monde je n'aurais tenté un regard en arrière, les Enfers pouvaient ouvrir une brèche en plein milieu de la route que je n'aurais pas bougé d'un pouce. Mes articulations me faisaient mal, de même que ma mâchoire à cause de la pression de mes dents serrées de terreur.

— *Merde*[6], entendis-je Angus jurer.

Nul besoin d'être bilingue en français pour comprendre ce qu'il venait de dire. Nous étions dedans jusqu'au cou. Un type nous coursait à contresens sur une autoroute, je n'imaginais pas comment cela pouvait être pire. Et pourtant ?

îles Strophades (Péloponnèse), on prétend qu'elles sont responsables de nombreuses disparitions.
6 Prononcé en français.

— Tenez-vous !

— Qu... quoi ?

— Tenez-vous à moi !

En ceinturant la taille d'Angus, j'anticipai le freinage de justesse, ce qui m'empêcha de tomber. Cet arrêt net me prit de court, mais s'expliqua au moment où j'aperçus une Alfa Roméo qui nous barrait le chemin. Un appel de phares et le rugissement menaçant de son moteur ne permirent aucun doute. La Volvo blanche n'était pas seule à notre poursuite, ses renforts venaient d'arriver. Un bouchon se créa rapidement derrière la voiture, nous bloquant le chemin. Angus jurait dans son casque. Les muscles tendus, la respiration saccadée, il s'agitait, portant tour à tour son attention sur nos deux assaillants. La Volvo avait fini par se dégager et fonçait droit sur nous. Le moteur de l'Alpha grondait. Nous étions pris au piège.

La peur me glaça le sang et le pouvoir du Souffle se diffusa dans mes veines, aussitôt paré par mes gants en fil d'Ariane. L'efficacité de ce bouclier me soulagea, car si elles avaient été nues, mes mains plaquées sur les flancs d'Angus auraient engendré un désastre auquel je n'osais penser. En écho avec ma réflexion, la voix de mon compagnon grésilla dans mon casque.

— Tout va bien, Louise, faites-moi confiance...

Même si cela n'avait pas été le cas, j'étais bien forcée de m'en remettre à lui et cela malgré son esprit d'analyse douteux. Tout allait mal, selon mon point de vue et je n'envisageais aucune échappatoire à une telle situation.

Démarrant en trombe, Angus se décala sur la gauche, et évita la Volvo qui nous rasa de près. Par réflexe, je m'accrochai à la poignée derrière mon siège. Bien qu'il soit entièrement coqué, je n'étais pas certaine que mon blouson parvienne à amortir le choc si par malheur, je tombais. La moto reprit de la vitesse, Angus s'apprêtait à s'infiltrer entre deux voitures à l'arrêt quand une masse gigantesque nous percuta de plein fouet. La secousse fut si brutale que je crus me rompre la nuque. Un bourdonnement dans mes oreilles, la sensation d'apesanteur, un fourmillement dans mes jambes, puis...

Le néant.

Ω

— 23 —

C'était fini.

Mon corps flottait, voguait à travers un océan ineffable. La mort. Il n'existait plus aucune sensation, rien de palpable autour de moi. Je n'avais même pas mal. Plus doux encore que le sommeil, c'était comme évoluer dans un rêve de velours, bercée par les bras chaleureux de la Faucheuse. Si le folklore lui prêtait des griffes, il n'en était rien. Son étreinte avait la tendresse de celle d'un parent. Jamais je n'aurais cru connaître un pareil réconfort. Je ne percevais ni la brûlure des flammes de l'enfer, ni le chant céleste des anges ; c'était parfait. Demeurerais-je ainsi pour l'éternité, avec la sérénité d'un bébé dans le cocon du ventre maternel ? Était-ce à cela que ressemblait l'au-delà ?

— Ne craignez rien, Louise...

La voix de la Maîtresse des morts était celle d'un homme, réconfortante et mélodieuse, rehaussée du timbre suave d'Angus. Peut-être était-elle différente pour chaque défunt, empruntant l'intonation d'une personne aimée. Cela aurait pu être celle de Marshall aussi bien que celle de ma mère, mais j'imaginais que les dernières heures que j'avais passées avec le beau détective avaient marqué mon esprit plus que ce que je n'avais osé l'admettre de mon vivant. Je doutais néanmoins qu'il perçoive la mienne de son côté. Il était évident qu'il était mort, lui aussi. Le choc avait été si violent, comment aurait-il pu s'en sortir ? J'espérais simplement qu'il avait trouvé la paix, comme moi, et que la Faucheuse lui parlait avec la voix de quelqu'un qu'il chérissait.

— Je vais atterrir, il faut que vous vous teniez à moi.

Papillonnant des paupières, je fus brusquement éblouie

par la lumière du soleil. Mes yeux étaient ouverts. Je n'étais pas morte. L'engourdissement dans mes jambes, suspendues dans le vide, me réveilla tout d'un coup avec autant d'efficacité qu'un seau d'eau lancé en pleine figure. Dans ma poitrine, mon cœur s'emballait. Un élan de panique. L'incompréhension. Mon casque de moto toujours vissé sur ma tête, je commençais à manquer d'air et me mis à gesticuler. Angus – parce que c'était bien sa voix – resserra sa prise sur moi.

— Calmez-vous, Louise, vous allez tomber.

Je m'accrochai aux lambeaux de son tee-shirt, constatant qu'il avait perdu son blouson et qu'il était désormais à moitié torse nu.

Nous avions survécu.

Comment était-ce possible ?

Il y eut une légère secousse et mes pieds touchèrent enfin le sol. Libérée de l'étreinte du détective, je chancelai et tombai sur les fesses. Aussitôt, j'arrachai le casque de mon crâne, inspirant à pleins poumons. Le volume d'air que j'avalai faillit me faire vomir, mais ce fut sans doute le moment le plus libérateur de ma journée.

Essoufflée, je plissai les paupières, tâchant d'habituer mes yeux à la luminosité qui me frappait. Lorsque ma vision revint, j'eus le souffle coupé.

Angus campait debout devant moi, le tee-shirt probablement déchiré par le déploiement des deux ailes brunes qu'il avait dans le dos. Un morceau de tissu pendait à son épaule, mais ne cachait rien de son impressionnante musculature. Le spectacle était majestueux, si bien que je ne pus faire autrement que de le dévisager, bouche bée.

Il posa sur moi un regard d'ambre, affectueux et inquiet, s'approcha en repliant ses appendices angéliques puis vint s'accroupir à mon côté. D'instinct, je reculai ; davantage impressionnée qu'apeurée. Il me sourit et me saisit le bras avec douceur.

— Tout va bien, Louise. Respirez.

Aucun son ne parvint à sortir de ma bouche, malgré l'avalanche de questions qui faisait rage dans ma tête. Une seule émergea au final.

— Vous... vous n'êtes pas un houméride, n'est-ce pas ?

L'étonnement anima son visage, qu'il fendit d'un sourire en coin.

— Non, admit-il, comment l'avez-vous deviné ?

— Les ailes, je crois, et... vos yeux.

Du feu liquide ourlé de cils noirs. Leur intensité manqua me faire flancher.

— Mes yeux ?

Son sourcil s'arqua. Je déglutis.

— Ils sont dépourvus de glyphe, expliquai-je.

Il rit avec franchise, enveloppant mon cœur de sucre.

— Vous m'impressionnez, Louise. J'ignorais que vous connaissiez l'existence du glyphe. Je n'en ai pas, effectivement, mais j'aurais très bien pu porter une...

— Une agate, le coupai-je, oui je sais. La pierre permet de cacher la nature houméride. Jasmine m'en a parlé avant de... de me livrer au faune et à son acolyte. J'y ai pensé, mais c'est une séraphinite qui orne votre chevalière, pas une agate.

Le choix de la pierre était d'ailleurs plutôt troublant quand on imaginait que c'était elle qui permettait une communion avec son ange gardien. L'air surpris d'Angus me fit sourire.

— Je vends des pierres à longueur de journée, pensez-vous franchement que j'aie pu faire la confusion ?

La fossette sur sa joue se creusa davantage tandis que ses yeux se plissaient de malice.

— Vous êtes pleine de ressources, Miss Fawkes...

Il n'en fallut pas plus pour que je pique un fard. Je fus cependant reconnaissante à Angus de ne pas m'en faire la remarque. Tandis qu'il m'aidait à me relever, je l'observai.

— Vous êtes quoi au juste ? Un ange ?

— Pas vraiment, pouffa-t-il, amusé, je suis ce qu'on appelle un Gardien. Je suis chargé de veiller sur les homérides en détresse, comme vous. Il n'y a rien de biblique là-dedans.

Je m'offusquai.

— Je suis en détresse, moi ?

Ricanant, il pencha le visage vers moi.

— Vous préférez que je m'en aille et que je vous laisse vous débrouiller seule ?

Je levai les yeux au ciel.

— C'est bien ce que je pensais, s'amusa-t-il tandis qu'il se détachait de moi, je dois passer un coup de fil, Louise.

Il plongea la main dans sa poche et en ressortit une petite fiole qu'il me présenta.

— Buvez ça, ce sont des larmes d'Asclepios, elles ont un pouvoir fortifiant.

J'examinai le flacon avec méfiance, puis grimaçai.

— C'est un genre de drogue ?

— Non, un médicament plutôt.

— Il y a une différence ? fis-je avec sarcasme.

— Buvez, coupa le Gardien, vous avez besoin d'énergie. L'adrénaline vous maintient debout pour le moment, mais ce n'est que passager. Je dois vraiment passer ce coup de fil, maintenant. Fuir par la voie des airs était de loin notre meilleure option, mais hélas pas la plus discrète. Accordez-moi une minute, je dois régler le problème avant que le ciel ne nous tombe sur la tête.

Je n'imaginais pas comment un simple coup de téléphone pouvait nous aider. Je n'avais pas eu conscience de la scène, mais vu le nombre de voitures agglutinées autour de nous sur cette passerelle d'autoroute, il était évident que notre envol n'était pas passé inaperçu. Le commun des mortels n'avait pas pour habitude d'assister à un pareil spectacle, aussi je supposais qu'à moins d'être capable d'effacer la mémoire de dizaines de personnes à la fois, les unes des journaux seraient croustillantes à souhait dès demain. Il était même possible que toutes les chaînes d'infos soient d'ores et déjà sur le coup.

Prise de vertiges, je fus bien forcée de reconnaître que ces larmes de machinchouette représentaient un secours indéniable. Je me sentais flasque et une douleur lancinante commençait à gagner mes biceps. Des crampes. Bientôt, je le pressentais, un mal de tête allait me rattraper. Cul sec, je versai le liquide incolore dans ma bouche, étonnée de constater qu'il n'avait aucun goût, pas même celui du sel qu'on retrouvait dans les larmes. Haussant les épaules, j'attendis qu'il fasse effet.

Je trouvai un arbre auquel m'adosser et me pinçai l'arête du nez pour tenter de reprendre mes esprits. Pour la deuxième fois en vingt-quatre heures, je venais d'échapper à des types louches qui n'hésitaient pas à employer des moyens radicaux pour m'avoir. Enlèvement, course poursuite sur l'autoroute, tout cela semblait dingue. Si c'était mon nouveau quotidien, j'étais prête à démissionner sur-le-champ ! Problème : ce n'était pas un job. Il me fallait affronter tout cela, je n'avais pas le choix.

Angus était là. Il m'aiderait. Il me conduirait dans cet endroit que Jasmine avait aussi évoqué : la « cité des Gardiens ». Il m'était facile, désormais, de parier que c'était l'endroit que nous cherchions à gagner. Si ce terme était employé au pluriel, cela signifiait que d'autres hommes comme Angus existaient, d'autres colosses prêts à tout pour la sécurité de mes semblables.

Je relevai les cils vers mon protecteur qui, à quelques mètres de moi, paraissait contrarié par la conversation qu'il tenait au téléphone. Depuis mon emplacement, je n'entendais pas ce qu'il disait, mais sa posture indiquait qu'il était préoccupé. Les épaules voûtées, la démarche vive, les gestes brusques, il semblait se disputer avec son interlocuteur. Au bout d'une minute ou deux, il raccrocha et revint d'un pas franc. Ses poings étaient toujours serrés et sa mâchoire crispée ; je ne m'étais pas trompée, la discussion qu'il venait d'avoir avait été houleuse.

— Bien ! dit-il sans me regarder. C'est réglé !

Je pinçai les lèvres.

— Il y a un problème, hasardai-je.

— Une montagne ! lâcha-t-il avec sarcasme. J'ai agi comme un idiot, mais vous êtes sauve et c'est le principal.

J'ignorais l'identité de la personne qu'il avait eue au bout du fil, mais celle-ci l'avait mis dans une humeur de chien. Bien entendu, j'étais celle qui ramassait les pots cassés.

— Et les automobilistes ? m'enquis-je.

— La Mnémosyne se chargera de nettoyer tout ça, ne vous en faites pas. Suivez-moi Louise, nous devons trouver un autre moyen de transport, il ne s'agirait pas de déclencher un nouveau cataclysme en continuant le chemin en volant...

Je regrettai de ne plus avoir sous la main mon iPhone pour taper « Mnémosyne » dans Google. Il s'agissait sans doute d'une entité grecque dont j'ignorais l'existence et la faculté. Si elle était capable d'effacer nos écarts de conduite, c'était tout ce qui comptait à mes yeux.

— Est-ce que tout va bien ? Vous semblez... sur les nerfs.

Il expira par le nez, puis me sourit enfin. Dans ses prunelles, l'ombre de la dispute qu'il venait d'avoir dansait toujours, mais il avait décidé de passer outre.

— Ça va, affirma-t-il sans se défaire de ses charmantes fossettes, mais nous ne devons pas nous attarder ici. Plus vite nous trouverons un moyen de nous éloigner, mieux cela vaudra. Nous sommes sur une aire d'autoroute, cela ne devrait pas poser soucis, mais je ne préfère pas traîner.

Acquiesçant, je le détaillai de la tête aux pieds.

— Vous devriez chercher de quoi vous couvrir d'abord, lui fis-je remarquer, ce n'est pas vraiment que la vue me déplaise, mais... vous allez finir par attraper froid dans cette tenue.

Une lueur espiègle marqua le regard du Gardien. Les lambeaux de son tee-shirt avaient disparu, sans doute les avait-il jetés avant de passer son coup de fil. Malgré cela, il me semblait difficile d'ignorer son torse sculpté. Le David de Michel Ange aurait bavé de jalousie devant tant de perfection, or nous souhaitions passer inaperçus et j'avais l'intuition que ce n'était pas le meilleur moyen d'y parvenir.

— Vous vous souciez de mon bien-être, Louise, comme c'est adorable...

— Oh, ne croyez pas cela ! le rembarrai-je avec humour. Je n'ai pas envie qu'on me prenne pour ce que je ne suis pas en me voyant sortir des bois avec un homme à demi nu.

Les lèvres de l'homme en question s'étirèrent, lui donnant l'air de vouloir me dévorer toute crue.

— Vous n'auriez pas l'air si sage si je vous avais offert dans ces bois autre chose qu'un moment de repos, Louise.

Je ricanai et lui jetai à la figure le blouson renforcé que je venais d'ôter.

— Mettez donc ça au lieu de dire des âneries !

Emprunter le vêtement d'une demoiselle sembla heurter sa galanterie, mais il dut admettre comme moi que la poire ne pouvait supporter d'être coupée en mille morceaux. Nous n'avions pas le loisir de courir les boutiques pour le rhabiller, aussi passa-t-il ma veste qui, trop étroite pour sa carrure, ne couvrit que ses épaules, ce qui n'était déjà pas si mal.

Une fois ce souci d'ordre vestimentaire réglé, nous reprîmes la route et débouchâmes alors sur un parking poids lourds.

Angus me conduisit au cœur des allées entre les camions jusqu'à ce qu'il bifurque entre deux trente-huit tonnes. Là, il accosta un routier, lui parlant en français. Je constatai avec étonnement la fluidité avec laquelle mon compagnon de route s'exprimait dans une langue étrangère, sans rien comprendre moi-même de l'échange. Il parlait vite, comme si c'était pour lui quelque chose de tout à fait naturel.

Le chauffeur me toisa soudain, interrompant un instant le cours de la conversation. Je tentai un sourire, sans succès. Les

Français étaient de gros ronchons, on m'avait pourtant prévenue à ce sujet. Angus argumenta alors avec plus de ferveur dans la langue de Molière, tant et si bien que je ne cherchais désormais plus à capter le moindre mot.

— *Merci*, conclut-il finalement.

Suivi d'une phrase que je ne saisis pas et d'une poignée de main. Angus pêcha ensuite son portefeuille dans la poche de son pantalon et gratifia le routier d'une jolie somme. Il y avait assez d'argent dans cette liasse pour acheter douze iMac, au moins. Je le savais, j'économisais depuis plusieurs mois pour m'offrir celui dont je rêvais. J'écarquillai les yeux, sans rien comprendre.

Le français partit en grognant, manquant de me bousculer sur son passage. Je concentrai à nouveau mon attention sur Angus, qui me souriait, goguenard.

Il ouvrit la porte de la cabine du camion sur notre droite puis d'un geste courtois de la main, m'invita à entrer.

— Le carrosse de Madame est avancé !

— P... pardon ?

Il était sérieux là ?

Non...

Si ?

— Montez ! insista-t-il. Et enlevez vos godasses avant de tout me saloper.

Me talonnant, Angus prit place sur le siège conducteur. Depuis le mien, j'avais la sensation d'être un oiseau sur son perchoir. La route me paraissait tellement basse et les piétons tellement vulnérables. Je tournai la tête vers Angus qui, sans grande surprise, ne semblait pas plus impressionné que cela par l'engin titanesque qu'il s'apprêtait à conduire.

— Vous savez manœuvrer un camion comme celui-ci ?

Angus me lança un regard équivoque, suivi d'un rire franc tandis qu'il mettait la machine en branle.

Je poussai un long soupire blasé.

— Oui, évidemment, vous savez...

— 24 —

Angus maîtrisait à la perfection la conduite d'un trente-huit tonnes, aussi ne pus-je m'empêcher de penser que cet individu avait reçu le même enseignement que James Bond. Il devait y avoir quelque part dans le monde une école cachée, à l'instar de Poudlard, qui enseignait aux créatures ailées comment devenir sacrément bad-ass et Angus Fitzgerald avait fini premier de sa promotion. Il savait se battre, retrouver la trace des demoiselles en détresse sans grande difficulté, manier tous types de véhicules ; et encore, nous n'avions pas testé l'avion ou la montgolfière ; il pouvait voler et parlait au moins deux langues couramment.

— Où avez-vous appris à parler français, Angus ? voulus-je savoir, après avoir rejoint l'autoroute.

— Je suis français.

Oh...

— Mais... « Fitzgerald », ce n'est pas tout à fait un nom français, je me trompe ?

— Non.

Mais encore ?

— Votre mère est française ? tentai-je à nouveau, voyant qu'il n'était pas très bavard.

— Ma mère était française, oui.

Il avait utilisé le passé, cela voulait dire qu'elle n'était plus de ce monde. Le silence s'installa un petit moment. Visiblement, Angus n'aimait pas s'épancher. J'étais un peu déçue, mais je devinais qu'il n'était pas judicieux d'insister. Après tout, s'il désirait garder privé son jardin secret, il était dans son droit le plus strict. Je ne pouvais en aucun cas le forcer à se livrer.

Je me mordis la lèvre, gênée, puis tournai le dos pour coller mon front à la vitre. Regarder la route n'avait rien de distrayant, mais cela m'évitait d'avoir à passer pour une fouineuse.

— Mon vrai nom est Lefebvre. Ange Lefebvre. Mais je préfère Angus.

Je me redressai aussi sec. La carapace s'ouvrait enfin, je n'allais pas manquer ça.

— Vous disiez pourtant que vous n'aviez rien d'un ange.

Il grogna, avant d'éclater de rire avec moi.

— Si vous commencez à m'appeler comme ça, je vous jure que je trouverai un moyen de vous le faire payer. Je ne plaisante pas !

Malgré tout, il riait. J'aimais le voir rire, cela lui donnait un air attendrissant qui me saisissait le cœur à chaque fois. Ainsi, il était français, malgré son parfait accent anglais. Soit il y était habitué depuis l'enfance, soit il était très doué en langues.

— L'un de vos parents était britannique ? suggérai-je.

— Ça non ! s'esclaffa-t-il, mon grand-père aurait étranglé ma mère de la voir fricoter avec un roast-beef. Il ne les aimait pas tellement...

— Ah... mais vous parlez l'anglais comme si c'était votre langue maternelle.

— Il en va de même pour l'allemand, l'espagnol, le russe, l'italien, le suédois et le grec. Je pratique depuis un certain temps, ça n'a rien d'un exploit.

— Un certain temps, notai-je dans un murmure.

Cela ne m'avait pas échappé. Aussitôt, mon esprit se mit à gamberger.

— Posez-la-moi.

Au son de la voix d'Angus, je tournai la tête vers lui et le dévisageai.

— Quoi donc ?

— Votre question. Posez-la moi, elle vous brûle les lèvres.

Même lorsqu'il avait les yeux rivés sur la route, je parvenais à percevoir la malice qui les animait. La situation l'amusait.

— Vous êtes plus vieux que vous en avez l'air, ai-je raison ?

— Votre perspicacité m'impressionne, Louise, avoua-t-il avec honnêteté, même si je déteste l'idée que vous me trouviez vieux. C'est exact, je suis né le 24 mai 1891.

— Mille-*huit-cent* quatre-vingt-onze ?! La vache !

Ma réaction le fit rire. Découvrir qu'il avait plus de cent ans me scia les pattes, je ne fus cependant pas surprise d'apprendre qu'il était gémeau. Cela expliquait ses changements brusques de tempérament. Si on croyait à ces choses-là bien sûr.

Cent ans... Incroyable.

— Ma mère avait dix-sept ans, continua-t-il, elle était célibataire, quand je suis venu au monde. J'ai été élevé par mes grands-parents dans un petit village près du Havre.

Normand. Cela tombait sous le sens. Sa carrure de Viking et sa tête de pioche auraient dû me mettre sur la voie. Je me retins de pouffer à cette pensée idiote. Les clichés avaient la dent dure.

— Vous avez... plus de cent-vingt ans, ça veut dire que vous avez vécu les deux guerres mondiales ?

Il sourit en coin qui n'exprimait aucune joie.

— Subies, plus que vécues. L'une d'elles m'a tué en fait.

— Oh...

— J'ai toujours eu beaucoup d'admiration pour mon grand-père, c'est en partie pour le rendre fier que je me suis engagé dans l'armée à seize ans. Lui-même avait combattu les troupes allemandes en 1870, ses récits me fascinaient. Ces hommes unis sous une même bannière pour défendre leurs terres, cela me grisait plus que n'importe quoi d'autre à l'époque. L'uniforme, le prestige de servir mon pays, c'était cette voie-là que je souhaitais suivre et j'étais doué. Un parfait petit soldat. Ainsi, à vingt-trois ans, j'obtins mon troisième galon. Lorsque la Grande Guerre a commencé, j'étais capitaine, très loin d'imaginer l'horreur dans laquelle j'avais mis les pieds. J'ai mené des gosses au combat, au massacre. Une boucherie... « Un abattoir international en folie ».

Céline. Je n'avais jamais lu *Voyage au bout de la nuit*, sinon quelques extraits, mais l'éraillement dans la voix de mon protecteur au moment où il prononça cette célèbre citation en disait long. Cette guerre, tous les livres d'Histoire en parlaient, avait été un enfer. Cette lueur macabre dans les prunelles, le visage blême, pour Angus la réalité avait une autre teinte. J'en ressentis toute la teneur dans le frisson qui parcourut ma colonne vertébrale.

— C'est cette guerre-là qui vous a tué ? risquai-je. Vous... vous êtes mort en combattant ?

Il demeura silencieux un moment, le regard tellement inexpressif que je crus avoir affaire à un fantôme.

— Non.

Il inspira longuement. Ce souvenir, il ne fallait pas être devin pour le comprendre, était encore douloureux, même des centaines d'années plus tard.

— Non, je ne suis pas mort l'arme au poing. On m'a fusillé. Mon propre camp m'a tué. Ne me regardez pas avec ces yeux-là, Louise, je ne suis pas à prendre en pitié. J'étais conscient des risques encourus. Si on m'autorisait un retour dans le passé, je n'agirais pas autrement. J'ai suivi mon instinct plutôt que les ordres qui m'avaient été donnés, et cela a sans doute sauvé mes hommes. Je leur ai évité un front d'une barbarie sans nom, là où les autres compagnies se sont fait massacrer comme du bétail, la mienne a survécu. Nous avions déjà perdu la moitié des nôtres quand j'ai ordonné le repli. Moins d'un mois plus tard, après un procès éprouvant, on m'a mené au peloton d'exécution en tant que déserteur. Ce jour-là, le 14 août 1916, j'ai donné ma vie, contre celle d'une trentaine de mes soldats et je le referais sans hésiter.

J'avais peine à l'imaginer debout, la main dans le dos, à attendre la mort face à ses bourreaux. Vulnérable. Il n'en avait pas parlé, mais sans doute avait-il été dégradé avant la fusillade. Je serrai les dents en pensant à l'humiliation qu'il avait subie, ses galons arrachés par les hommes qui le menaient à la faucheuse.

Cet homme était mort à vingt-cinq ans pour s'être soucié davantage de la vie de ses subalternes plutôt que de son honneur. À l'évocation de son histoire, ce ne fut pas la froideur de son expression ni la dureté de ses traits qui me saisirent, mais la beauté de son âme, qui me toucha au cœur avec la douceur infinie d'un baiser.

Oh capitaine, mon capitaine. [7]

— Vous voyez cela, Louise ?

Il me montra son poignet où était attaché un bracelet fin dont les mailles s'apparentaient à celles de la serpentine, comme un tissage d'or. Loin des classiques cicatrices ou tatouages, ce bijou n'avait pourtant rien de singulier, mais marquait tout autant le jour qui avait changé sa vie à jamais.

— On appelle ça « l'Orkos », c'est le lien qui m'unit à Moira, la Dernière Moire, expliqua Angus. Chez la plupart des Hommes, il est coupé au moment de la mort, les Gardiens eux, le portent autour de leur poignet, la boucle comme signe de leur immortalité. En contrepartie de ce don, nous devons une complète allégeance à celle qui nous a fait ce cadeau.

Je pinçai les lèvres.

— Un cadeau à double tranchant...

Je le vis froncer les sourcils.

— Pourquoi dites-vous cela ?

— Vous êtes forcé de lui obéir en échange de votre immortalité et de vos pouvoirs. Est-ce qu'une paire d'ailes justifie un asservissement pareil ?

Il eut un petit rire qui me fit me sentir ridicule.

— Vous oubliez que j'ai été militaire et que l'obéissance ainsi que la loyauté me sont naturelles. Ne voyez pas mon serment envers la Dernière Moire comme une contrainte, si vous la

7 Référence au film de Pete Weir : Le cercle des poètes disparus *(1990).*

connaissiez, vous comprendriez mieux. Je la vois davantage comme une matriarche, une femme dévouée à la cause houméride et à la protection de ceux qui réclament l'hospitalité d'Hestiapolis. C'est un honneur pour moi de marcher à ses côtés. Puis, en ce qui concerne mes ailes… elles ne représentent pour moi qu'un bonus plutôt utile. Vous n'avez pas encore tout vu Louise, ma transformation n'était que partielle tout à l'heure. Je vous l'ai dit, je ne suis pas un ange.

— Partielle, repris-je, vous êtes capable de prendre une autre forme ? Laquelle ?

Il ne répondit pas tout de suite. Prenant une longue inspiration, il baissa enfin ses yeux vers moi.

— J'aime autant que vous ne le découvriez jamais.

À mon tour, je demeurai muette.

Que voulait-il dire par là ? Avait-il honte ? Peur ? Qu'impliquait sa métamorphose lorsqu'elle était complète ?

Un raclement de gorge me tira de mon questionnement.

— Nous nous arrêterons manger dans une petite heure, reprit mon compagnon de route d'une voix neutre. J'espère que vous n'avez rien contre les sandwichs sous cellophane…

Une diversion. Je n'étais pas dupe. Il le savait, évidemment, mais à quoi bon s'entêter sur une voie qu'il ne souhaitait pas emprunter avec moi ? Jouant l'innocence, je lui souris.

— Vous rigolez ? pouffai-je. C'est un festin qui ne se refuse pas !

Ω

À l'exception des quinze minutes accordées pour déjeuner, nous n'avions presque pas fait de pauses de la journée. Sur le coup de dix-sept heures, je commençai sérieusement à me demander si Angus n'avait pas hérité d'un gène de surhomme en même temps que son immortalité. Il conduisait ce camion depuis plus de sept heures et ne semblait démontrer aucun signe de fatigue. Je ne savais pas ce qu'il prenait pour garder une telle forme, mais c'était de la bonne, cela ne faisait aucun doute.

J'étais plongée, moi, dans l'un des seuls livres anglais que j'avais pu dénicher dans une aire de repos française : *One day*[8] de David Nicholls. Heureusement pour moi, le roman était passionnant, pire que cela il était bouleversant. Terminant un chapitre déchirant, je me mordis le pouce pour retenir mes larmes de midinette.

—Vous pleurez ?

Morte de honte, je n'osai répondre et je feignis de ne rien avoir entendu, collant mon nez dans le bouquin.

— Sans rire, vous... vous pleurez ? renchérit Angus avec un tremblement dans la voix qui trahissait son envie de rire.

Je me renfrognai, peu réceptive à la plaisanterie.

— Sérieusement, Louise, je n'arrive pas à croire que vous êtes le genre de nana qui se laisse avoir par des tire-larmes pareils.

— Ce n'est pas un... « tire-larmes », crachai-je avec amertume. C'est un hymne.

Angus haussa un sourcil, ce qui eut pour effet de m'exaspérer davantage. Je soupirai, levant les yeux au ciel.

— Un hymne ? ricana-t-il.

— Oui, parfaitement, un hymne à la vie et à l'amour !

Son éclat de rire résonna dans tout l'habitacle. Je serrai les dents.

— Ooh, vous n'êtes qu'un rustre insensible, voilà ! regrettai-je. Et moi qui croyais que les Français...

— Je vous arrête tout de suite Louise ; oubliez tout ce que vous croyez savoir sur les Français. Nous raffolons peut-être des baguettes et de calendos bien coulants, mais en ce qui me concerne, je ne suis absolument pas fleur bleue, quant aux cuisses de grenouille... Eh bien, disons que je préfère celles d'un calibre

8 Un jour de David Nicholls, *en version française.*

plus humain…

Après cette remarque clairement obscène, je me retins de lui coller mon livre sur la figure. Il l'aurait pourtant amplement mérité. Je gardai ma rancune pour plus tard et croisai les bras sur ma poitrine, boudant comme lorsque j'étais enfant.

— Conduisez, *capitaine*, et mêlez-vous plutôt de vos fesses !

Il ne dit rien de plus, toutefois, du coin de l'œil, je crus discerner un sourire. Je me pinçai les lèvres pour ne pas céder à mon tour, puis lui tournai le dos pour de bon.

Ω

Les panneaux routiers affichaient désormais des mots allemands, tout aussi incompréhensibles pour moi que leurs équivalents français, mais ils m'apportaient au moins une indication sur l'endroit où nous nous trouvions, ce qui leur faisait un point de plus par rapport à Angus. Deux heures s'étaient écoulées, la nouvelle chanson de James Blunt passait à la radio pour la quinzième fois depuis le matin lorsqu'Angus prit la sortie 116 Passau-Mitte.

Je me redressai alors sur mon siège, le cœur battant.

— Nous sommes arrivés ?

Angus tourna la tête dans ma direction, visiblement surpris d'entendre le son de ma voix. Il s'éclaircit la gorge, puis me sourit.

— Nous nous arrêtons pour la nuit à Fürstenzell. Une amie nous hébergera.

Fürstenzell… On aurait dit le nom d'un village tout droit sorti de l'imagination des frères Grimm. Ou d'une pâtisserie chargée en beurre et en sucre.

— Votre amie est-elle une homéride ?

Hormis Jasmine, je n'avais encore jamais rencontré l'un de mes semblables. Mon estomac se tordait d'excitation à cette perspective.

Angus eut un petit rire.

— Non, mais sa propre mère a été une Souffleuse.

— Elle... Sa mère a porté le Souffle de Midas ?

— Hum, hum.

Pour Angus, cette révélation paraissait anodine, pour moi, cela résonnait comme un espoir. Aurais-je l'occasion de discuter avec cette femme ? J'avais un million de questions à lui poser. Si elle avait gardé le Souffle avant moi, sans doute pourrait-elle m'apporter des conseils, m'indiquer comment l'apprivoiser. Nous partagions, *lui* et moi, des moments de symbiose parfaite, mais le reste du temps, je le percevais comme un corps étranger, un passager clandestin. S'il existait un moyen de ne faire qu'un avec le Souffle, je souhaitais l'apprendre.

— Pourrais-je la rencontrer ? demandai-je à Angus.

Ses sourcils se froncèrent.

— Qui donc ?

— La mère de votre amie, l'ancienne Souffleuse.

— Malheureusement non, Erica nous a quittés il y a quinze ans déjà. Lorsqu'elle a transmis son don à Lia, en 1946, le cours de sa vie a repris. Elle s'est mariée, a eu deux belles filles, dont Hilke que vous rencontrerez ce soir, et a mené le reste de sa vie, au calme et entourée d'une famille aimante, jusqu'à ses soixante-dix-huit ans.

— Que voulez-vous dire par « le cours de sa vie a repris » ? Et attendez, si Lia a hérité du Souffle en 1946, ça veut dire qu'elle avait...

— Lia allait fêter ses quatre-vingt-douze ans, oui.

Elle en paraissait à peine vingt... Comment était-ce possible ?

— Oh, c'est vrai ! s'exclama soudain Angus. Vous n'êtes pas au courant de cela. J'oublie toujours que vous n'avez pas été formée en amont. Lorsqu'un homéride prend possession d'un don, celui-ci reste figé au même âge jusqu'à ce qu'il lègue son pouvoir à un autre. Là et là seulement, il recommence à vieillir.

J'aurais donné mon poids en or pour voir la tête que j'affichais. Au vu de celle que tirait Angus, cela en valait au moins le double.

— Je... je ne peux pas... mourir.

— Oh si vous pouvez. Vous n'êtes plus soumis aux règles du temps, cela ne signifie en aucun cas que vous êtes invincible.

— Combien de temps puis-je... rester ainsi ?

— Il n'y a aucune limite. Le Souffle est assez lourd à porter néanmoins, c'est pourquoi les homérides qui en ont la charge ne le supportent en général qu'une centaine d'années environ, mais Asylis, par exemple, a vécu plus de mille ans.

Mille ans ?!

Vivre un millénaire avec les vibrations constantes du Souffle, avec l'omniprésence d'une entité étrangère à l'intérieur de son corps, à mon sens, cela relevait de l'exploit. Mon expérience avec ce pouvoir se comptait en journées et je ressentais déjà le poids qu'il pesait dans ma vie. Je n'envisageais pas de pouvoir le supporter *ad vitam aeternam*.

— Nous arrivons, m'informa Angus en amorçant un virage.

Avec ces révélations, j'en avais oublié l'escale que nous devions faire chez son amie. Je n'étais pas certaine d'être tout à fait prête pour un retour à la civilisation. Le cocon que m'offrait la cabine du camion me convenait, cependant, je ne pouvais m'y terrer pour toujours. En adulte, je pris sur moi et commençai à chausser mes Doc Martens.

Ω

— 25 —

— Angus, mein Schatz, da bist du ! [9]

Une vieille femme dodue nous attendait dans la cour de sa maison, à l'évidence peu surprise de voir un camion s'y garer. La bâtisse à colombages, typiquement teutonne, se composait de deux étages au moins, les pans de bois brut contrastant avec le plâtre immaculé du hourdage. Pour un peu, je m'attendais à voir Hansel et Gretel débouler à notre rencontre en trottinant. Il faisait nuit, mais l'épaisse forêt au second plan ne pouvait pas m'échapper. À l'abri des regards, je devinais sans mal la raison qui avait poussé Angus à faire halte ici.

Mes jambes étaient encore engourdies du voyage quand Angus s'avança pour enlacer son amie. La chaleur de leurs retrouvailles était communicative, si bien que j'en eus le sourire aux lèvres. À s'y méprendre, on aurait pu croire à une grand-mère revoyant son petit-fils pour la première fois depuis des années. La même émotion, le même attachement. Un amour pur, presque filial. Je savais bien sûr qu'Angus était plus vieux et qu'il avait probablement vu naître cette femme, mais cela ne changeait rien à la nature de leur lien. La fibre qui se tissait entre eux était fusionnelle, cela transparaissait comme une évidence.

Dialoguant en allemand, Angus et la vieille femme m'oublièrent un moment. Loin de me mettre mal à l'aise, je trouvais naturel de les laisser profiter de cet instant privilégié. Lorsqu'Angus jugea bon de me présenter à son amie, je fus moi aussi témoin de la gentillesse de cette femme qui, sans même me connaître, me pressa contre elle avec amitié. Je fus si émue que

9 *« Angus, mon chéri, tu es là ! »*

j'en ignorai la douleur de mes côtes compressées dans sa poigne ferme.

Elle m'accueillit en allemand avec un tel débit de paroles que je ne cherchais pas à comprendre ce qu'elle me disait. Je ne saisis que le mot « Rot », la couleur rouge. Ne comprenant pas ce qu'un tel mot venait faire dans la conversation, je m'en remis à Angus.

— Elle dit que tu es la bienvenue chez elle.

— Oh... Merci.

Je souris à notre hôte qui me regardait toujours avec tendresse, je n'étais pas certaine qu'elle comprenne l'anglais, mais j'étais bien incapable de me souvenir du moindre mot d'allemand qu'on avait tenté de m'apprendre à la *Primary School*.

— Elle dit aussi que j'ai de la chance d'avoir la compagnie d'une si jolie rousse, susurra-t-il à mon oreille.

Sa voix soudain suave me fit piquer un fard. À mon grand étonnement, le rire qui s'éleva alors ne provenait pas d'Angus, mais de son amie. La vieille femme s'amusait de mon émoi de jeune fille en fleur, j'en ris moi-même, penaude. Elle me serra alors dans ses bras et embrassa mes joues, avant de m'inviter à entrer dans sa maison.

Ω

Hilke vivait seule dans cette demeure immense. L'âme de son mari Dieter, bien que disparu trois ans plus tôt, était omniprésente. Un vieux fauteuil, une galerie de photos dans l'escalier, un cendrier vide sur la desserte du salon, tant de souvenirs auxquels se raccrochait la vieille femme. Sa fille unique vivait à Berlin et ne venait que deux à trois fois par an lui rendre visite, elle avait beaucoup de travail, ce n'était pas de sa faute. J'appris tout cela grâce à l'aimable traduction d'Angus lors du repas que nous avions partagé sitôt le perron franchi.

Deux belles portions englouties sans avoir même eu le temps d'y réfléchir, je repoussai finalement mon assiette, repue.

— *Danke*, risquai-je, priant pour que mon accent ne soit pas trop mauvais.

Angus, qui ne m'avait entendu prononcer un seul mot d'allemand de toute la soirée, coula sur moi des pupilles rondes comme des soucoupes. Hilke, quant à elle, me gratifia d'un sourire qui s'étendit jusqu'à son regard.

— *Bitte* ! me répondit-elle d'un ton jovial.

Verres, couverts et assiettes furent débarrassés en un clin d'œil, après quoi Angus se proposa de me montrer l'endroit où j'allais dormir. Après avoir une nouvelle fois remercié Hilke pour son hospitalité, je suivis mon protecteur au premier étage de la maison

En montant les escaliers grinçants, je me rendis compte de la fatigue qui mordait mes muscles et me mis aussitôt à rêver du moelleux d'un bon matelas et de l'odeur de lessive fraîche des draps dans lesquels j'allais bientôt pouvoir me vautrer.

J'entrai aussitôt dans la chambre que m'indiqua Angus et cherchai l'interrupteur à tâtons. La lumière s'alluma comme par magie, lorsque je me retournai, une fossette creusait la joue de mon guide. Il avait été plus rapide que moi.

Je le remerciai en silence, le laissant embrasser la pièce des yeux. Les souvenirs qu'il avait dans cette maison dansaient dans ses prunelles, c'était impossible à manquer, si bien que la curiosité me piqua. Quelle part de son passé mon gardien avait-il laissée dans cet endroit ? Le considérait-il comme son propre foyer ? Hilke était davantage qu'une simple amie pour lui, cela tombait comme une évidence. La nature exacte de leur lien, cependant, m'échappait encore.

– C'est un peu vieillot, commenta Angus, mais vous y trouverez plus de confort que dans la cabine du ferry.

La chambre n'était pas à mon goût, mais je présumais qu'on pouvait la qualifier de chaleureuse selon un certain point de vue. Il y avait des napperons en dentelle sur les tables, une tapisserie florale aux murs qui ne semblait pas avoir été remplacée depuis les années 60, des vitrines de fleurs séchées. Un secrétaire se dressait près de la fenêtre sur lequel trônaient des statuettes religieuses et une collection de dés à coudre en porcelaine. Au centre de la pièce se trouvait une petite desserte ronde recouverte d'un napperon en dentelle de coton blanc, un gros vase de barbotine posé au milieu.

Je voyais où Angus voulait en venir lorsqu'il qualifiait ce lieu de « vieillot ».

Son pas lourd faisant crisser le plancher, il me passa à côté et pénétra dans la chambre. C'était étrange de constater à quel point il semblait fébrile en examinant la pièce.

— Erica se sentait ici comme dans un cocon.

La tendresse de ses paroles me percuta davantage que je ne l'aurais voulu. Ce lieu éveillait en lui une certaine nostalgie. La maison, Hilke, cette Erica dont il parlait faisaient toutes partie de son passé. Une vie antérieure refaisait surface.

Erica... Il me fallut un instant avant de me souvenir qu'il évoquait la mère d'Hilke, l'ancienne Souffleuse. Il l'avait connue, cela ne faisait aucun doute.

— J'imagine qu'elle trouvait dans cet endroit une sérénité qu'elle ne parvenait à atteindre nulle part ailleurs. Hilke m'a demandé de vous donner sa chambre pour la nuit.

— Vous aimiez beaucoup Erica, n'est-ce pas ? Quant à Hilke...

— Oui, je les aime toutes les deux.

Le sourire qui plana un moment sur ses lèvres irradia son visage d'une façon qui me serra le cœur. Le souvenir de cette femme le rendait magnifique. Cette lueur dans les prunelles et le bonheur lui allaient bien. Pourtant, cela me faisait mal, sans que je ne sache réellement l'expliquer.

Du peu que je la connaissais, Hilke était une femme charmante et je comprenais parfaitement l'attachement qu'Angus pouvait avoir pour elle. Cet amour, quasi filial, m'avait semblé logique dès l'instant où je les avais vus s'enlacer dans la cour de la maison. Quand il parlait d'Erica néanmoins, c'était autre chose.

Avait-il partagé des sentiments forts avec elle ? Avaient-ils été intimes ?

Pourquoi cette idée me contrariait-elle au juste ? J'admettais ressentir de l'attirance pour Angus, mais de là à éprouver de la jalousie lorsqu'il mentionnait son amour pour une autre femme, il y avait tout de même un monde ! Une femme morte depuis des années, en plus de ça...

— Quelque chose ne va pas ?

Ses prunelles ambre foncée me scrutaient, les sourcils froncés d'inquiétude. J'ignorais pourquoi, mais cela m'agaça.

— Tout va bien ! répliquai-je plus sèchement que je ne l'aurais voulu.

D'un rire bref, Angus me démontra qu'il n'était pas dupe. Il pivota vers moi, les mains sur les hanches, cherchant à jouer de sa carrure pour m'impressionner.

— Quelque chose vous dérange, Louise, je le vois bien. Dites-moi ce que c'est ?

— C'est peut-être vous qui êtes dérangé, cinglai-je sans réfléchir. Vous semblez tellement obnubilé par cette Erica, prenez donc sa chambre et offrez-vous le loisir de vous rappeler tous les souvenirs qu'elle vous évoque.

Je n'expliquais pas l'élan de rage qui m'emportait soudain. C'était plus fort que moi. Je ne connaissais pas la mère d'Hilke, je n'aurais d'ailleurs jamais l'occasion de la rencontrer, pourtant elle faisait naître en moi une jalousie douloureuse. J'avais mal au ventre, si bien que je refusais d'être la seule à souffrir. Me décharger sur Angus était injuste et probablement méchant, mais c'était plus fort que moi.

Comme moi, le Gardien ne s'était pas attendu à un tel revirement. Les yeux ronds, la bouche bée, il me dévisageait, dubitatif.

— Vous vous sentez bien ?

— Très bien ! explosai-je. Arrêtez un peu de me pomper l'air.

— Moi, je vous pompe l'air, ricana-t-il, que dire de vous dans ce cas ? Prenez un miroir, l'hystérie vous gagne !

La réplique me fit bouillir, pourtant, mon regard se retrouva happé malgré moi par la courbe de sa lèvre inférieure, aussi charnue qu'un quartier d'orange juteux. Je me demandais si elle en avait également le goût quand l'envie de me frapper le front m'arrêta.

Non, non, non. De la colère. C'était tout ce que je voulais ressentir. Rien d'autre !

— Laissez tomber, soufflai-je agacée.

Je n'eus pas le temps de tourner le dos qu'Angus me saisit par le bras pour me forcer à lui faire face.

— Oh non, si vous pensez vous en tirer si facilement, c'est mal me connaître, Miss Fawkes. Vous allez me dire ce qui vous prend, et n'essayez pas de me faire croire que ce comportement de furie est normal.

Si j'avais eu des lasers à la place des yeux, je l'aurais volontiers pulvérisé sur place. J'avais tort, je le savais, mais j'étais trop têtue pour l'admettre. Les raisons de ma colère n'avaient aucun sens et je ressentais de la honte quant à l'idée de les exposer à haute voix. Je préférais encore tenir tête à Angus.

— Mêlez-vous de vos fesses !

L'étincelle amusée dans son regard me déstabilisa. Je me flagellai mentalement devant cette faiblesse malvenue. Je n'allais tout de même pas me laisser berner par sa belle gueule !

— Les vôtres m'intéressent davantage, je dois l'admettre.

OK. O… K…

Calmer le jeu me semblait essentiel. La pente sur laquelle je m'aventurais était trop glissante pour moi.

Nonobstant la teinte écrevisse que j'étais certaine d'avoir prise, je pointai mon index sur lui, tâchant de me donner de la prestance.

— Ne jouez pas à ça, Fitzgerald ! Un instant, vous évoquez

l'amour que vous avez pour cette femme et le suivant, vous minaudez avec moi, comme si...

— Il n'est pas question d'amour, Louise, me coupa-t-il sans se départir de son sourire enjôleur, je vous désire, c'est vrai. Où est le mal ?

Il disait ça sans préliminaire. Brut. Sans fioritures. Avait-il été un bulldozer dans une autre vie pour faire preuve de si peu de délicatesse ?

— Ne faites pas cette tête, Louise, je ne compte pas vous sauter dessus sans prévenir...

— Encore heureux !

Le rembarrer était la meilleure défense que j'avais trouvée. Elle n'était peut-être pas très solide, mais c'était mieux que rien du tout.

— Serait-ce donc si terrible ? ricana Angus. Je vous assure que personne ne s'est jamais plaint de moi.

Avec la multitude d'alertes rouges que m'envoyaient mes neurones et le brouhaha que faisaient mes hormones en ébullition, détacher une pensée cohérente relevait de l'exploit. Ses iris flamboyants dégageaient une sensualité folle, comme ceux d'un lion prêt à l'attaque. Ils m'inspiraient la prudence autant que l'envie irrépressible d'approcher. De le toucher.

Je ne m'aperçus de ma main tendue que lorsqu'Angus saisit brusquement mon poignet. De stupeur, je sursautai. Quand il coula sur moi, c'était trop tard. Ses lèvres annihilèrent toute réticence lorsqu'il les pressa finalement sur les miennes.

Ce baiser était comme Angus, à la fois d'une tendresse folle et plein de hargne. Sa bouche pinçait la mienne, dévorait, caressait. Instinctivement, je me hissai sur la pointe des pieds pour aller à sa rencontre, alors que ses mains, dans mon dos, passaient sous mon pull pour faire naître des frissons sur les parcelles de peau qu'elles effleuraient.

Ses cheveux glissaient sous mes gants, je ressentais la frustration de ne pouvoir sentir leur soyeux entre mes doigts nus.

Je mordis la lippe de mon partenaire qui se mit à rire contre ma bouche.

— Enlève-les, suggéra-t-il en même temps que ses baisers migraient vers mon cou.

Au même moment, ses mains agrippèrent mes cuisses et mes orteils décollèrent du sol. Tandis qu'il me déposait sur le buffet derrière nous, je me délestai de mes gants, et les jetai au sol sans culpabilité. La sensation des petits cheveux de sa nuque entre mes phalanges était exquise, enivrante. Je caressai sa joue de mon pouce, réclamai un nouveau baiser, me pressant davantage contre lui. Son sourire était celui d'un conquérant, l'envie de le faire disparaître me donna l'impulsion qu'il me manquait pour venir l'embrasser moi-même. Je me coupai presque sur ses dents alors que je mêlai ma langue à la sienne, prise d'une passion féroce qui chassait ma timidité habituelle. Je ne quittai sa bouche que pour passer mon pull par-dessus ma tête, et il en fit autant.

Pantelante, je détaillai du regard la perfection de ses muscles, observée moi-même par l'éclat concupiscent qui brillait dans ses prunelles. La chaleur de son désir fit corps avec le mien, qui vibrait sous ma peau jusqu'à la pointe de mes seins. La bestialité avec laquelle il fondit sur moi me fit chanceler, de même que le meuble sur lequel j'étais assise. Je me retins aux bords pour ne pas tomber juste avant qu'il ne me suggère dans un souffle de me cramponner à lui. Sa main brûlante passa sous mon soutien-gorge au moment où je défis la boucle de sa ceinture. Lorsque le cuir durcit sous mes doigts, je m'arrêtai net, crispée de panique.

— STOP ! Angus, arrête !

La violence de mon cri coupa ses ardeurs, il leva un œil interloqué vers mon visage horrifié. À bout de souffle, je fixais son entrejambe en tremblant.

— Qu'est-ce que tu as ? Louise... Est-ce que ça va trop vite ? Je...

— Ta ceinture, Angus ! Je l'ai changée en or. Je... je ne peux pas. Mes gants, donne-moi mes gants !

Sans attendre que l'information lui monte au cerveau, je me détachai de lui et scrutai le sol des yeux, à la recherche de mes protections.

— Louise...

Je n'écoutais pas. Il me fallait mes gants. J'étais mortifiée. Si mon pouvoir s'était manifesté sur sa peau, jamais je n'aurais pu me le pardonner. Mes gants, où étaient-ils ? Ils n'avaient pas pu se volatiliser. Une main chaude sur mon épaule me fit sursauter. De surprise, je reculai.

— Ne me touche pas, Angus...

Le son de ma voix n'était plus qu'un souffle entrecoupé de sanglots. Je n'osais pas le regarder, me focalisant sur le décor de la chambre. Tout sauf son visage empli de compassion.

— Louise, ce n'est pas grave. Ce n'est qu'un morceau de cuir, rien de...

— Le buffet ! m'exclamai-je lorsque mes yeux s'arrêtèrent brusquement sur le meuble qui avait bien failli accueillir nos ébats.

La pièce massive, datant probablement du début du siècle précédent, était dorénavant en or, la surface miroitante loin de l'aspect sombre du bois qui le constituait auparavant. Angus y porta son attention et soupira. Il tenta une approche, mais à nouveau, je fis un pas en arrière, les mains coincées sous mes aisselles. Là, au moins, j'étais sûre qu'elles ne feraient de mal à personne.

— Va-t-en, s'il te plaît...

Ma supplique sembla le toucher. Il ne dit rien de plus, se contenta de me regarder quelques instants. La tête baissée, je refusais d'affronter ses yeux.

— Ne sois pas si dure envers toi-même, Louise. Si tu as besoin de moi... je ne suis pas loin.

La porte claquée, je m'effondrai au sol et éclatai en sanglots.

Ω

— 26 —

Prostrée sur le sol depuis le départ d'Angus, je fis l'inverse de ce qu'il m'avait conseillé : je ressassais cet épisode traumatisant encore et encore, jusqu'à en avoir mal au crâne. Serais-je un jour capable d'avoir un contact physique avec quelqu'un, de prendre un être cher dans mes bras, de faire l'amour à un homme sans éprouver l'angoisse de le voir se changer en or ? Le Souffle de Midas était lourd à porter. À quelques mots près, c'était ce qu'avait affirmé Angus juste avant que nous arrivions chez Hilke. Ce don n'était pas simplement lourd, c'était un fardeau pour lequel mes épaules étaient trop frêles.

Le froid me fit sortir de ma torpeur, je me redressai sur mes pieds et revêtis mon pull, dénichant du même coup mes gants en fil d'Ariane que je passai aussitôt. Le buffet en or jurait avec la décoration plus modeste de la pièce ; sur son plateau, cadres-photos et bibelots étaient éparpillés. Un à un, je les redressai quand mon regard fut soudain happé par un cliché dont la vitre était brisée.

En noir et blanc, l'image avait dû être prise dans les années 50 à en juger par les *Victory Rolls* que portait la femme dans ses cheveux. Erica. D'une élégance folle dans sa robe à pois, elle se tenait contre Angus, lui coiffé d'une banane faussement négligée à faire pâlir James Dean. Une petite fille, Hilke, d'environ six ou sept ans, se tenait entre eux. Tous trois souriaient franchement, le bonheur illuminait leurs traits. La représentation parfaite d'une famille unie.

Cette photographie dissipait mes doutes. Un lien particulier unissait bel et bien Angus à Hilke et à sa défunte mère, un lien plus solide que je ne me l'étais figuré. Soupirant, je ramassai les débris du cadre en évitant soigneusement de me couper et rejoignis le couloir. La pièce du fond, la salle de bains, était occupée. Au son de l'eau qui s'écoulait, je devinai qu'Angus y prenait une douche. J'espérais qu'elle n'était pas trop froide pour lui. Ne préférant pas m'attarder, j'empruntai les escaliers et trouvai Hilke, pelotonnée dans une couverture au salon. Une tasse de thé sur la desserte à son côté, notre hôte était plongée dans la lecture d'un roman. Lorsque mon approche la fit lever les yeux, je lui désignai les morceaux de bois et de verre que j'avais dans les mains.

— Entschuldigung, fut la seule chose que je parvins à dire.

Mon allemand ne se révéla pas si mauvais que cela étant donné le sourire que me servit Hilke. Elle posa son livre à côté de sa tasse, ôta ses lunettes et me proposa de m'asseoir.

— Ce n'est pas grave, dit-elle en anglais, Angus m'a également parlé du buffet. Ne vous en faites pas, il ne s'agit là que de meubles et de babioles.

Son accent était palpable, mais elle n'avait fait aucune faute, grammaticalement parlant.

— Je... Vous parlez anglais ?

— Oui. Un peu.

Plus qu'un peu, visiblement.

— Je suis désolée, me sentis-je forcée d'insister, pour... tout ça.

Elle balança une main dans les airs pour me signifier de ne pas m'en faire.

— Posez donc cela sur la table basse et servez-vous du thé.

Après m'être délestée du cadre photo en morceaux, j'attrapai une tasse sur le plateau devant Hilke et y versai un trait fumant d'Earl Grey. L'odeur de la bergamote avait quelque chose de réconfortant, de familier. Mon père en buvait ; lorsqu'il n'était pas en mission, la fragrance embaumait notre salon presque tous les soirs. Cette petite note d'agrume, à elle seule, réchauffa quelque peu mon moral, de même que la bonne humeur qui ne quittait pas le visage de la vieille femme.

Prenant place dans un fauteuil crapaud en face d'elle, je laissai la chaleur de la porcelaine se diffuser à travers mes gants. Le sentiment de bien-être était différent lorsque les mains étaient nues, mais il n'était plus question pour moi de me défaire de ce voile de protection qui se dressait entre moi et le reste du monde. Plus jamais je ne ferais l'erreur de me passer de fil d'Ariane. La leçon que j'avais tirée un peu plus tôt était bien trop amère pour que je ne tente à nouveau l'expérience. Avoir à porter ces accessoires était une maigre contrainte au regard des dégâts dont j'étais capable sans cela.

— Allons ! s'exclama soudain Hilke avec un accent charmant, ne vous tracassez plus avec cela. Ce meuble n'avait qu'une faible valeur sentimentale de toute façon, dites-vous que vous venez d'offrir à ma fille un formidable héritage si cela peut vous rassurer. Ma mère m'a raconté avoir changé par inadvertance une locomotive et ses douze wagons lorsqu'elle possédait le Souffle. Vous imaginez les dégâts ? La Mnémosyne a dû œuvrer deux jours durant pour effacer la mémoire des passagers et des agents de la compagnie ferroviaire témoins du spectacle. Vous apprendrez à maîtriser ce pouvoir, petite, comme les autres Souffleuses avant vous.

La manière dont elle relativisait les choses m'inspirait de l'admiration. J'aurais aimé être douée d'une telle légèreté, de savoir me départir des pensées négatives et voir le verre à moitié plein. J'avais été cette fille-là, jusqu'à cette nuit d'octobre où j'avais secouru Lia et hérité du Souffle de Midas. Ma vie d'avant me manquait. Terriblement. Hélas, il n'y avait aucun moyen d'y revenir.

Hilke semblait avoir connaissance du monde homéride davantage que moi, pourtant, je ne distinguais aucun oméga dans ses prunelles. Pas de glyphe. Sa mère et, sans nul doute, Angus lui avaient transmis ce savoir qui me manquait. Je ne lui enviais pas cela, mais plutôt sa capacité à s'acclimater de toutes ces étrangetés.

— Pourquoi n'êtes-vous pas une huméride, Hilke ? Vos parents pourtant…

— Ma mère en était une, et je porte le gène en moi. Après tout, le glyphe est héréditaire, mais vous devez savoir qu'il ne s'exprime pas forcément. Le mien est passif depuis soixante-et-onze ans, je ne pense pas qu'il se manifeste un jour. Ma foi, il est vrai que je n'ai aucune idée de ce que vous devez traverser, mais si je peux vous donner un conseil, ma petite, c'est d'avoir confiance en Angus. Il vous apportera son soutien quoi qu'il arrive. Il vous apprécie beaucoup, cela se voit. Croyez-moi, je le connais bien.

— Votre mère et lui étaient proches, n'est-ce pas ? fis-je la gorge nouée.

Leurs visages souriants dardaient leur regard sur moi, à travers la glace brisée et les éclats de bois posés sur la table basse. Cette ivresse, cette quiétude était la leur, et j'en étais exclue. Je n'avais aucune raison d'éprouver cette peine, c'était invraisemblable. Quoi qu'il se soit passé entre Erica et mon protecteur, cela datait de plus de cinquante ans et ne me regardait absolument pas, en fin de compte. Une question, néanmoins, me brûlait les lèvres.

— Angus est-il votre père ?

Les mots à peine sortis de ma bouche, je fus envahie par le regret. La réponse ne m'était pas indispensable. Au contraire, je savais qu'elle me ferait davantage de mal que de bien et je redoutais l'impact. Pourtant, avec une douceur qui m'emplit le cœur, Hilke posa sa main sur mon genou.

— Non, ma petite, Angus et ma mère étaient comme frère et sœur. Il est mon parrain. Mon père était étranger à tout ça ; comme moi, il n'a jamais eu le moindre pouvoir.

Le sentiment qui enveloppa mon cœur, tout à coup, revêtait le velours d'une plume. *Frère et sœur*. Au fond, cela changeait-il réellement quelque chose ? Les pulsations dans ma poitrine semblaient laisser croire que c'était le cas. Émue, Hilke me caressa la joue avec tendresse.

— Je crois que vous avez eu assez d'émotions pour la journée, petite, il est temps d'aller dormir.

Acquiesçant en silence, je déposai mon thé à peine entamé sur la table et me levai. Je la remerciai chaleureusement, je regagnai l'escalier. En haut des marches, Angus attendait assis. Un poing masquant sa bouche, le regard vague, il semblait préoccupé. Lorsqu'il m'aperçut, il prit une longue inspiration en passant une main dans ses cheveux encore humides. Malgré l'intimidation qu'il m'insufflait, je gravis l'étage qui nous séparait et me plantai devant lui. S'il avait perçu des bribes de la conversation que je venais d'entretenir avec sa filleule, je m'en fichais. Je n'avais rien à cacher. Pas à lui.

Il me toisa un moment, sans rien dire.

— Le Souffle est trop fort pour toi, dit-il enfin après son étude détaillée, il te submerge.

Ces mots reflétaient ma pensée avec exactitude. Je m'étais acharnée à le clamer depuis que cette malédiction avait fait son apparition, pourtant, dans la bouche d'Angus, cette affirmation sonnait différemment. Sans comprendre pourquoi, j'avais soudain honte. Une brusque envie de le contredire, de lui prouver qu'il avait tort jaillit en moi. Son regard désemparé me dissuada cependant de le faire.

— Nous trouverons une solution, assura-t-il, quitte à former une autre Souffleuse, mais en attendant, il te faudra vivre avec. Être prudente. J'ai demandé à Moira de faire venir Dora dès demain. Son pouvoir médiateur est issu de Pandore, en sa présence, le Souffle te paraîtra plus supportable. Elle canalisera son énergie et t'accordera du répit. Ce sera déjà un début.

— Tu... tu veux que je transmette le Souffle à une autre personne ?

Ses iris de feu me détaillaient, implacables.

Je ne comprenais pas pourquoi cette perspective me blessait. N'était-ce pas ce que j'avais voulu au tout début ? Me débarrasser du parasite, retrouver mon ancienne vie ? Mes parents, mon frère, mes amis… Alors que je m'interdisais d'y penser, Angus m'offrait ce choix sur un plateau, m'accordant ce que je lui avais demandé la première fois qu'il avait évoqué Midas, Asylis, les homérides et tout le reste. Malgré tout, un sentiment d'injustice m'envahissait, la sensation qu'il m'abandonnait, qu'il préférait baisser les bras plutôt que de se battre à mes côtés.

Angus soupira, mais je le devançai avant qu'il n'ouvre la bouche.

— Non ! sifflai-je entre mes dents serrées de colère.

Au bord des larmes, je le toisais. Je voulais qu'il lise la déception dans mon regard, la douleur qu'il m'infligeait. Les questions fusaient dans ses prunelles, il était désorienté. S'il démissionnait, ça n'était pas mon cas. Le Souffle, autant que Lia, m'avait choisie, il y avait une raison à cela. Elle n'était encore pas tout à fait évidente, mais j'avais le sentiment que je finirais par trouver la voie, un jour ou l'autre. J'y parviendrais, j'apprivoiserais le Souffle avec ou sans l'aide d'Angus Fitzgerald. Cette détermination creusait en moi un sillon profond, s'ancrait dans ma chair comme un trait indélébile.

Bouche bée, battant des paupières, Angus m'observait avec incompréhension.

L'adrénaline s'infiltra dans mon sang, l'euphorie m'embrassant à grands bras, je m'interdis de rester muette.

— Je ne veux pas donner le Souffle à quelqu'un d'autre, renchéris-je, c'est trop facile ! Ça fait deux jours que je t'entends rabâcher que je dois surmonter les difficultés et c'est toi qui lâches au premier obstacle ?

— Lou, c'est plus compliqué que ça, tu…

— Non, Angus, j'en ai marre que tu décides à ma place, OK ?

Le contredire était plus fort que moi, cela annihilait mes peurs et mes doutes d'un revers de main. Comme un superpouvoir me procurant la force qui m'avait manqué jusqu'alors.

— Quand je te dis que je ne veux pas de ce don, tu détermines que je n'ai pas le choix, que je dois faire avec et quand brusquement tu penses que je ne suis pas capable de l'assumer, tu décides qu'il vaut mieux le confier à une autre personne ? Je ne suis pas d'accord ! Tu sais quoi ? Je vais garder le Souffle, je vais faire corps avec lui et tu n'auras plus rien à redire. Ce n'est pas à toi de décider ce qui est bon pour moi ou pas. Maintenant, laisse-moi passer, j'aimerais aller dormir.

Le sourire qui fleurit sur le visage d'Angus me gorgea tout à coup de fierté. J'avais réussi, j'avais ouvert les vannes, fait entendre ma voix. Ma poitrine se soulevait au rythme de ma respiration saccadée, les poumons emplis de cet air délicieusement libérateur. Cette force éclose me donnait la sensation d'être capable de tout.

J'avais lâché les chevaux et cela faisait un bien fou !

Dépliant son mètre quatre-vingt-dix, Angus descendit deux marches pour se mettre à ma hauteur. Son regard pénétra le mien avec une intensité qui ébranla mes barrières. Des remparts que j'abaissai sans crainte. Pointant son index sur ma poitrine, il ne me quitta pas des yeux.

— Je savais bien que tu étais là, bien cachée.

Il parlait à Louise, à celle qui s'éveillait, de prendre conscience de qui elle était et du pouvoir qu'elle chérissait. Au phénix dont les ailes flamboyantes venaient de se déployer.

Au fond de moi, je le soupçonnai d'avoir fait exprès de me provoquer. À sa manière, il avait permis à l'oiseau de quitter son nid douillet.

— Les serviettes de toilette sont sous l'évier, la salle de bains au fond du couloir, si tu as envie d'aller te rafraîchir avant de te coucher, n'hésite pas.

Comme retour à la réalité, on ne faisait pas mieux qu'Angus Fitzgerald. Je soupirai, amusée.

— Bonne nuit, Louise.

— Bonne nuit.

Ω

— 27 —

À peine ma tête posée sur l'oreiller, je dormis d'un sommeil de plomb. Sans rêve, ni cauchemar. Je ne me réveillai qu'une fois, et ce fut pour de bon. Huit heures. C'était du moins ce qu'indiquait le réveil mécanique à cloches sur ma table de nuit, quant à savoir s'il était réglé, c'était une autre affaire. Je m'étirai, gémis de bien-être, et repoussai finalement l'édredon, saisie par l'envie de voir le jour. Je traînais des pieds jusqu'à la fenêtre, j'ouvris les volets, aussitôt mordue par le froid extérieur. Frissonnante, je trottinai sur le parquet et m'emparai du couvre-lit. En le jetant sur mes épaules, je libérai un nuage de poussière qui me fit éternuer. Après avoir essuyé les larmes qui perlaient à mes yeux, je me pelotonnai devant l'ouverture et appréciai la vue. La forêt épaisse s'étendait à quelques mètres du jardin, un brouillard cotonneux masquait les cimes. Le phénomène n'avait rien d'extraordinaire, il se produisait probablement chaque matin d'hiver, mais l'effet était renversant. Il déclenchait une émotion singulière, une sensation onirique entre frisson et fascination.

Le front contre la vitre, j'inspirai longuement. Mes gants me démangeaient, comme d'habitude. Leur texture était rugueuse et peu agréable ; malgré tout, j'avais décidé de les garder. Avoir accepté de cohabiter avec le Souffle n'y changeait rien, j'appréhendais toujours son imprévisibilité.

Bâillant à m'en décrocher la mâchoire, je décidai de me secouer un peu et songeai enfin à m'habiller. Hilke avait proposé de me prêter des vêtements, certains d'entre eux lui avaient appartenu, tandis que d'autres étaient tirés de la garde-robe de sa mère, parmi eux, une robe en coton d'un vert discret sur laquelle je jetai mon dévolu. Marquée à la taille, un décolleté en cœur et des manches longues, elle dévoilait des formes que je n'avais pas l'habitude de mettre en valeur avec mes traditionnels jeans et t-shirt. Ma veste en cuir noir et mes *Doc Martens*, seule paire de chaussures que j'avais à me mettre, contrebalançaient le côté « madame » que je détestais me donner.

Après un tour rapide à la salle de bains pour me laver les dents et coiffer mes cheveux en queue de cheval, je dévalai les escaliers. Une appétissante odeur de café et de brioche envahissait la maison, me donnant l'eau à la bouche. L'appréhension de revoir Angus à la lumière diurne me serrait un peu le ventre néanmoins. La nuit a cela de particulier : elle englobe sous son voile les événements dont elle est le témoin, leur conférant un aspect spécial qui disparait dès le lever du soleil. Elle ouvre le champ des possibles, en quelque sorte, occultant presque totalement le lendemain et les responsabilités qui l'accompagnent.

L'incident du buffet était oublié depuis la veille, aussitôt minimisé par Hilke, mais pour ce qui était du reste, l'affaire était loin d'être bouclée. Même avortée, la relation physique qu'Angus et moi avions eue demeurait en toile de fond, un désir sous-jacent qui finirait fatalement par se manifester à nouveau. Or, on avait connu mieux que de faire l'amour avec au bout des doigts l'équivalent d'affreux gants de crin qui, en plus d'être très peu agréables au toucher, annihilaient toute sensation. Sans compter que l'épisode avait sans doute refroidi mon partenaire.

En bref, je n'avais pas envie d'avoir à discuter de cela au petit déjeuner et je n'avais plus qu'à croiser les doigts pour qu'Angus partage cet état d'esprit.

Sur le pas de l'escalier, les échos d'une dispute me parvinrent depuis le salon, dont la double porte avait été fermée. La voix d'Angus s'élevait pour couvrir celle d'une femme qui n'était pas Hilke. Je ne recevais que des bribes, mais compris assez vite que j'étais le cœur du problème. Ce timbre féminin, et contrarié d'après ce que je notais, appartenait avec certitude à l'une des personnes qu'Angus avait fait venir. La veille, il avait évoqué les prénoms de Moira et de Dora. Laquelle des deux était-ce ?

La femme paraissait reprocher à Angus son manque de vigilance et de discrétion tandis que mon protecteur, lui, se défendait de ne pas avoir eu le choix. La sécurité avant tout, avançait-il. J'approchais mon oreille quand une présence derrière moi m'interpella, manquant me faire sursauter.

— Louise, c'est ça ?

Une gamine maigrichonne, dont les cheveux fauves, pourtant courts, cachaient à demi un regard bleu malicieux, me scrutait avec le sourire. Son nez, légèrement retroussé et couvert de taches de rousseur, lui donnait un air de lutin. Une petite fée longiligne et plutôt grande pour son âge. Un âge que j'estimais à environ quatorze ans.

Clignant des paupières, je repris mes esprits.

— Euh, oui. C'est ça.

— Ellie, se présenta-t-elle, je suis la Pythie, l'Oracle de Delphes.

Elle abordait le sujet avec une banalité qui me déconcerta, comme elle aurait exposé sa situation professionnelle.

— Souffleuse, répondis-je en écho.

Il était peut-être de coutume, chez les homérides, d'annoncer son matricule à chaque nouvelle rencontre. Néanmoins, comme la gamine se mit à ricaner, je balayai aussitôt cette hypothèse.

— Oui, je sais ! On est venues pour t'accompagner jusqu'à Hestiapolis.

Je me sentais bête, dernière au courant de ce qui se passait. Certes, il était plus ou moins acté qu'on me conduisait à la cité gardienne et Angus avait fait mention de la venue de deux de ses compères la veille, le brouillard autour de moi pourtant était encore épais. Ne pouvait-on pas m'expliquer les choses clairement ? Me mettre dans la boucle une bonne fois pour toutes, au lieu de prendre les décisions importantes à ma place ?

— Quand tu dis *on*, qui cela implique-t-il ?

L'adolescente leva au ciel ses yeux myosotis, faisant mine de réfléchir.

— Il y a Dora, Moira et moi.

— Angus ne vient pas ? m'étonnai-je.

Apparemment non. Il devait suivre une piste concernant l'agresseur de Lia, comme me l'indiqua aussitôt la Pythie. Cet inconnu menaçant la sécurité des homérides et en particulier la mienne, il était du devoir de mon Gardien de l'empêcher de nuire. À nouveau, j'avais la sensation qu'on me prenait pour la dernière roue du carrosse, cette décision n'avait pas été prise au petit matin, aussi je ne saisissais pas pourquoi Angus ne l'avait pas mentionnée auparavant. Ce fut au moment où je commençais à le maudire que mon protecteur fit irruption dans la pièce, une femme blonde sur les talons. Les traits crispés, le dos voûté, il était en colère, cela ne faisait aucun doute.

— Tu n'as qu'à m'envoyer la facture, si ça te chante ! grogna-t-il en balançant une main dans les airs.

— Ne fuis pas ! le rappela son interlocutrice. Tu sais très bien qu'il ne s'agit pas de ça ! Je me fiche de savoir à qui incombe le remboursement de la dette que nous avons auprès de la Mnémosyne, tu aurais dû être plus vigilant, c'est tout.

— Ce qui est fait est fait ! Tu ne vas quand même pas me reprocher d'utiliser tous les moyens à ma disposition pour la garder en vie, si ?

— Il y a des moyens plus subtils que de déployer ses ailes devant des dizaines de témoins, Angus !

Cette conversation, stérile à vue d'œil, semblait avoir été répétée cent fois. Ils tournaient en rond, se renvoyaient la balle. Aucun d'eux ne voulait lâcher le morceau. La jeune Ellie, comme moi, parut le remarquer et se racla la gorge pour détourner leur attention. Deux têtes s'orientèrent alors dans notre direction et j'eus l'envie subite de me faire aussi petite qu'une souris. Manque de bol, on s'intéressait davantage à moi qu'à Ellie. Les yeux verts de la jeune femme me scrutaient, de même que ceux, plus chauds, d'Angus, si bien que j'en vins à me demander si ce n'était pas à mon tour de donner la réplique. Angus se gratta la tête, son interlocutrice, contrairement à lui, ne montra aucun signe de gêne.

— Tu connais Angus, fit Ellie en rompant enfin le silence, voici Moira. Ils se disputent souvent, n'y fais pas attention.

— Heliope, je t'en prie ! requit la concernée, avant d'afficher un sourire à mon attention. Excuse-nous, Louise, j'aurais préféré faire ta connaissance dans des circonstances plus calmes. Je m'appelle Moira en effet, intendante d'Hestiapolis. T'es-tu bien reposée cette nuit ? Je crois que les derniers jours ont été éprouvants pour toi.

Un masque, ce fut la première impression qu'elle me donna. Moira semblait être une femme de sang-froid, droite en toutes circonstances et toujours dans les clous. Son autorité naturelle et son majestueux port de tête lui donnaient un air altier, intimidant même. Jusque dans sa tenue, un tailleur vert impeccable, elle incarnait la perfection. Elle était belle, évidemment, avec de longs cheveux raides et blonds, presque blancs, et une peau laiteuse, semblable à de la porcelaine. Son visage, pourtant, était anguleux et dur, contrastant avec le reste. Sa beauté s'apparentait à celle d'une étoile, distante et froide. Inatteignable.

Si mes souvenirs ne me faisaient pas défaut, Moira était la dernière Moire qu'avait évoquée Angus la veille, celle qui avait fait de lui un Gardien, celle à qui il devait allégeance. Je jetai brièvement un œil vers mon protecteur dont les mâchoires se contractaient encore de colère, puis souris à mon tour à Moira.

— Enchantée, fis-je timidement.

L'intendante parut déconcertée de mon manque d'éloquence. En vérité, je ne savais pas quoi dire d'autre. Le regard d'Angus dardé sur moi, je tâchais toutefois d'ignorer la chaleur qu'il diffusait sur ma peau.

— Angus a évoqué tes difficultés à maîtriser le Souffle, souhaites-tu que nous en discutions ? Comment te sens-tu ce matin ?

Avant que je n'aie eu le temps de répondre, le Gardien porta la main à son front en signe de consternation.

— Peut-on la laisser respirer un peu ? suggéra-t-il avec agacement. Elle vient à peine de se lever, laisse-lui au moins le temps de prendre un café avant d'aborder le sujet !

— Oh oui, tiens, un café ! m'enthousiasmai-je faussement. Cela nous fera une occasion de discuter des plans dont tu as omis de me parler hier !

L'occasion de le moucher avait été trop belle pour que je ne la manque. Bien qu'il agisse en pensant à mon bien-être, il parlait à nouveau en mon nom. J'étais assez grande pour me débrouiller seule, de plus la rancœur d'avoir été mise à l'écart m'étreignait encore la gorge. C'était plus fort que moi.

Ellie éclata de rire.

Angus, quant à lui, était loin de se démonter. Un sourire en coin, au contraire, marquait son visage. Il se pencha pour planter ses iris malicieux dans les miens.

— Quand aurais-je dû t'en parler, d'après toi, avant ou après ta crise de jalousie ?

Angus : 1. L'idiote impulsive : 1.

La balle au centre.

Grinçant des dents, je lui tournai le dos.

— Eh bah, c'est électrique entre vous, me glissa Ellie à l'oreille tandis que je m'engouffrais la première dans la cuisine.

C'était peu de le dire…

Ω

— 28 —

Au moment où je pénétrai dans la pièce, j'eus la sensation qu'on m'ôtait un poids invisible des épaules. Un lest que je n'avais pas eu l'impression de porter jusque-là, pourtant, la différence était notable. Je ne l'expliquais pas jusqu'à ce que j'aperçoive la jeune femme, assise à la table, qui discutait avec Hilke autour d'un petit déjeuner copieux. Brune, un sourire communicatif, et vêtue de couleurs pétantes, elle inspirait la joie de vivre et semblait douée d'une grande bienveillance. Je devinai sans mal qu'il s'agissait de Dora, la médiatrice dont m'avait parlé Angus la veille. Celle qui était censée canaliser l'énergie du Souffle ; je comprenais désormais ce qu'avait voulu dire le Gardien par là. Ce sentiment de légèreté était agréable et résultait de la simple présence de cette fille. Bluffant fut le premier mot qui me vint. J'avais beau avoir été prévenue des capacités de cette homéride, en constater les effets me laissa sans voix.

Soudain, mes gants m'apparurent inutiles ; je ne me risquai pas pour autant à les enlever. C'était comme si le Souffle m'accordait un moment de paix, je ne percevais même plus sa présence. Aucun bourdonnement, aucun picotement sous ma peau. C'était plus reposant encore que la nuit passée.

Hilke, la première, remarqua notre arrivée. Les rides au coin de ses yeux se creusèrent davantage avant qu'elle ne nous invite tous à table.

— Bonjour, souffla Dora quand je vins m'installer en face d'elle.

Elle n'avait pas besoin de se présenter, ou de me signifier, comme les autres, qu'elle savait déjà qui j'étais avant les présentations officielles. Un détail, mais il avait pour moi de l'importance. C'était la première fois, depuis mon réveil, qu'on ne me prenait pas pour une bête de foire. Je souris à mon interlocutrice et la salua à mon tour.

— Angus m'a dit que tu étudiais la littérature, me confia-t-elle le plus simplement du monde, je viens moi-même de valider mon semestre à l'UCL.

— L'université de Londres ? Whoah, bravo !

Ellie éclata de rire.

— Dora a déjà 15 diplômes en littérature, dont le dernier délivré par l'université de Boston.

— Harvard ? hasardai-je.

— Harvard, confirma l'adolescente. Elle est également Docteur en ethnologie, et 3 fois diplômée en psychologie.

— Tu oublies sa licence de philosophie à la Sorbonne ! intervint Angus en riant.

Cette remarque déclencha les rires des deux autres.

— Oui, bon, je suis une éternelle étudiante ! confessa Dora avec humour. Moi au moins, j'occupe mon immortalité à des choses intéressantes ! Tu reconnaîtras quand même que ma présence sur les campus a permis plus d'une fois de repérer des homérides potentiels.

Amusé, Angus se cala dans sa chaise et but une gorgée de café. Pour ma part, j'étais partagée entre la gêne et la fascination. Ce petit monde semblait mêler des sujets comme l'immortalité et leurs dons surnaturels à des thématiques banales comme le cursus universitaire, et cela sans la moindre difficulté. Pour eux, cela paraissait anodin. Un sujet de conversation comme un autre. M'y habituerais-je un jour ?

— Certes, concéda enfin Angus, mais ceci est davantage dû à ton pouvoir qu'à ta soif d'apprendre.

— Dora est un vrai radar, me renseigna Ellie en se penchant vers moi, elle est capable de capter l'essence de l'un des nôtres à des kilomètres, même si celui-ci n'a pas encore développé son glyphe. Impressionnant, hein ?

Dora râcla sa gorge, fusillant Ellie du regard, agacée qu'on la présente comme un spécimen rare tout droit sorti d'un cabinet de curiosités. Je ne la comprenais que trop bien.

— Impressionnant peut-être, lâcha Dora avec amertume, il n'empêche qu'il peut m'arriver de penser qu'il s'agit davantage d'une malédiction que d'un don.

Ces mots auraient pu être les miens, à la virgule près. J'éprouvai soudain énormément d'empathie pour Dora qui, malgré son assurance de façade, cachait les mêmes faiblesses que moi. Peut-être était-ce notre lot à tous. Au fond, cela n'avait rien d'étonnant. Les homérides arpentaient deux univers, constamment partagés entre leur nature et le monde dans lequel ils évoluaient. Un environnement rationnel où la mythologie grecque était une croyance – voire une fable – ancienne et non une vérité. Cela avait de quoi déstabiliser n'importe qui.

— Est-ce que tout va bien, Anésidora ? s'inquiéta Moira, jusque-là silencieuse.

— Ce n'est pas de ta faute, Dora, s'interposa Ellie d'un ton grave, tu n'as pas à te sentir responsable de la décision de Lia.

— Je l'ai mise sur la voie, rétorqua la concernée, bien sûr que je suis responsable. Quand elle m'a demandé de l'aider à trouver un successeur, j'étais loin d'imaginer qu'elle quitterait Hestiapolis en secret. C'était totalement absurde !

L'atmosphère de la cuisine changea alors. Quant à moi, je réprimai un frisson. Pour eux, Lia était davantage que la fille mutilée que j'avais tenté de secourir dans un parc pour enfants, elle était leur amie, une personne chère qu'ils avaient perdue ; s'ils m'accueillaient avec bienveillance, je n'incarnais pas moins le symbole de cette disparition. De mon côté, j'étais focalisée sur l'idée d'être entourée d'inconnus, effrayée à la seule pensée de les suivre dans un endroit dont je ne savais rien, mais pour eux, c'était plus difficile que cela. À leurs yeux, j'étais également une parfaite étrangère, pire que cela, je venais en remplacement de l'être dont ils devaient faire le deuil. Ma simple présence leur rappelait Lia.

Avec le sentiment que j'étais de trop, je commençai à rassembler mes couverts devant moi. Me levant avec discrétion, j'allai jusqu'au lavabo et attrapai une éponge. Hilke le remarqua, évidemment, mais elle dut comprendre que j'avais besoin de m'éclipser un moment, car elle ne m'arrêta pas.

— Lia est venue te voir ? s'étonna Moira à demi-voix.

— C'est insensé, s'écria tout à coup Angus, pourquoi Lia aurait quitté la cité sans nous en parler ? Je continue de croire qu'elle y a été forcée !

— Je ne crois pas que Rikke soit mêlé à ça, l'interrompit Moira, quoi que tu en penses, Angus...

Dos à la scène, j'entendis seulement le bruit des chaises grinçant sur le carrelage. Angus devait s'être levé brusquement.

— Ils ont disparu au même moment ! Trois mois plus tard, Lia est assassinée, Rikke toujours évanoui dans la nature, qu'est-ce qu'il te faut de plus ? Des aveux ? Si c'est ça, je peux te les procurer. Donne-moi simplement le temps de retrouver ce traître ! Je sais la confiance que tu lui voues, mais elle t'aveugle ! Tu ne parviens même plus à établir une connexion avec lui. Ouvre les yeux, tu as perdu son allégeance !

— C'est impossible, l'Orkos ne peut se briser. Son silence est dû à autre chose, j'en suis persuadée. Quoi qu'il en soit, ce n'est pas la question. Lia s'est renseignée sur les désignées potentielles avant de disparaître, elle avait prévu de confier le Souffle à quelqu'un d'autre. Ce qui m'inquiète, c'est qu'elle ne nous en ait pas parlé.

Leur conversation prenait un tournant trop important pour que je continue de l'ignorer. Je pivotai pour les observer, embêtée par mes gants dégoulinants ; je n'avais pas pensé à ce détail lorsque je m'étais réfugiée dans la vaisselle. La dernière Moire, pareille à une statue de glace, faisait face à Angus, vert de rage. Je ne l'avais jamais vu dans un état comme celui-ci, même lorsqu'il s'énervait contre moi. Il paraissait sur le point d'imploser.

— Elle n'a rien dit à personne parce qu'elle ne pouvait pas le faire.

La voix d'Ellie, naturellement mutine et rieuse, était à présent grave, si bien qu'elle lança un froid dans la pièce. L'adolescente avait attiré tous les regards sur elle, dont le mien.

Repoussant les boucles vénitiennes qui lui tombaient sur la figure, elle inspira avant d'énoncer.

— « À portée *de l'Œil, le Souffle d'or ne doit tomber ; Au péril de la vie des cent, ce destin sera joué...* », c'est l'Oracle que j'ai délivré à Lia, avant qu'elle ne parte.

— L'Œil ? releva Angus en s'avançant. Cela pourrait faire référence à...

Pinçant les lèvres, Ellie opina.

— Moi, acheva Moira pour eux.

Une fissure sembla ébranler sa stature de marbre, néanmoins, je ne lus de la peine que dans les yeux d'Angus. Même dans la douleur, Moira demeurait impassible. Cela provoqua en moi un sentiment d'admiration mêlé d'effroi, celui que j'aurais pu avoir face à une entité divine, qui n'avait d'humain que l'enveloppe charnelle. Les émotions ricochaient-elles sur elle, ou bien les retranchait-elle au plus profond de son être pour ne pas se laisser submerger ? C'était difficile à savoir.

— Tu protèges les homérides depuis des milliers d'années, Moira, protesta Angus avec affliction, il est évident que cet Oracle ne te désigne pas ! Tu sais mieux que personne qu'un présage peut avoir plusieurs interprétations possibles. L'Œil ne fait pas nécessairement référence à...

— Angus, coupa Moira avec douceur, peu importe.

D'un sourire sans joie, la dernière Moire balaya l'assemblée de son regard d'émeraude et se leva lentement. Elle lissa son tailleur.

— Lia a quitté Hestiapolis sans m'en parler, car elle pensait que je pouvais lui nuire, exposa Moira avec calme. J'ai érigé la cité gardienne dans le but qu'elle constitue une forteresse pour ceux qui ressentaient le besoin d'être protégés. Lia était l'une des rares homérides à n'avoir jamais vécu à l'extérieur depuis la transmission de son pouvoir et pourtant, elle s'est sentie en danger. Cela n'a rien d'anodin.

— Lia n'avait pas le droit à l'erreur, intervint Ellie, malgré la confiance qu'elle avait pour Rikke, elle a également refusé de lui parler de l'Oracle. L'Orkos le liait à toi trop étroitement, elle ne pouvait pas risquer qu'il privilégie son allégeance envers toi à l'amour qu'il lui portait. Aussi sincère soit-il. Cela lui a fendu le cœur, mais elle est partie seule, non pas parce qu'elle te craignait, mais parce qu'elle devait prendre le plus de précautions possible.

— Je te remercie d'essayer de m'apaiser Héliope, mais ne prenons pas cet Oracle à la légère, quoi que désigne « L'Œil », nous devons rester vigilants. Nous avons une nouvelle homéride à protéger.

Lorsqu'elle m'adressa un sourire, mon cœur loupa un battement. Avec tout cela, j'étais presque sûre qu'ils avaient oublié ma présence. Or leur attention était à nouveau focalisée sur ma personne. Même si la bienveillance était le mot d'ordre général, je n'aimais pas cela. Cela me mettait mal à l'aise.

— Il est d'autant plus important de connaître l'agresseur de Lia, rappela Angus avec dureté, ou le commanditaire de cette attaque du moins.

— Ce n'est pas Rikke, Angus.

Avant que le Gardien n'ait pu répondre à la Moire, Dora s'interposa.

— Rikke était avec Lia lorsqu'elle est venue me voir à Londres, quand elle m'a demandé de lui trouver une Désignée, il était avec elle.

— Il aurait donc découvert ce qu'elle s'apprêtait à faire et l'aurait suivie ?

— Comment aurait-il pu passer outre l'Orkos ? Tu as essayé de le rappeler au moment où nous avons constaté sa disparition, cela n'a pas fonctionné.

— Il a trouvé un moyen de le briser, je ne vois que cette explication. Cela prouve au moins qu'il se préoccupait de la sécurité de Lia et non de lui faire du mal. Quelles que soient les raisons qui ont poussé Rikke à rompre son serment envers moi, je suis persuadée qu'elles étaient sensées et mûrement réfléchies.

La sérénité avec laquelle Moira prenait les choses me sidérait. À sa place, j'aurais déjà exprimé ma colère ou cassé la vaisselle, l'immense sagesse dont cette femme faisait preuve me bluffait.

— Tu disais que l'Orkos était un lien indéfectible, nota Angus sur un ton qui m'évoquait le reproche.

Pour la première fois de la matinée, je vis de la souffrance glacer les traits de Moira. Cela m'affecta davantage que je ne l'aurais cru.

— Je le pensais, répondit sincèrement la Moire, comme je pensais que ma cité apporterait la sécurité à quiconque la réclamerait. Il faut croire que chacun a ses failles, Angus...

Le froid que Moira jeta sur la conversation sembla se diffuser dans l'atmosphère au moment où elle quitta la pièce. Avec une gêne apparente, chacun reprit ses occupations. Hilke à sa cuisine, Dora et Ellie à leur petit-déjeuner tandis que les prunelles d'Angus demeuraient fixes, perdues dans le vague. Le poing contre la bouche, il tâchait certainement de canaliser ses émotions.

— 29 —

Les paumes vers la flamme, devant l'âtre de la cheminée du salon, je fixais le brasier en tâchant de ne pas me laisser ensevelir sous les interrogations. Je n'étais pas experte en Oracle, j'y étais seulement confrontée pour la première fois de ma vie et si Angus prétendait qu'on pouvait l'interpréter de différentes manières, il subsistait un détail qui ne laissait aucune place au doute. Durant la totalité de la conversation, personne n'y avait attaché de l'attention, pour moi néanmoins, cela avait de l'importance. « *Au péril de la vie des cent, ce destin sera joué* ». Il était difficile de se tromper : cent personnes risquaient de mourir si le Souffle de Midas tombait entre les mains de cet « Œil », quel qu'il soit. Cela me terrifiait.

Qu'une entité inconnue soit prête à traquer, torturer ou tuer pour s'emparer de mon don était déjà effrayant, savoir que les vies d'autres personnes que moi étaient en jeu me rendait malade. Ce sentiment couplé avec celui d'avoir à m'en remettre à une poignée d'étrangers se révélait particulièrement anxiogène pour moi.

Tous étaient préoccupés par ma sécurité, ou au moins par celle du Souffle de Midas, ce qui allait dans mon sens au final, néanmoins je ne pouvais retenir l'appréhension qui m'étreignait. J'avais confiance en Angus désormais, Dora et Ellie m'étaient sympathiques et la dévotion de Moira pour ses protégés me paraissait sincère, mais je n'étais pas complètement sereine à l'idée de les suivre à Hestiapolis, qui, en prime, n'était plus vraiment l'endroit sûr que l'on décrivait.

Cette incertitude permanente commençait sérieusement

à me peser, elle était lourde à supporter. J'avais besoin de me reposer sur du solide, d'avoir l'impression que tout se déroulerait pour le mieux et ne plus seulement m'en remettre à Damoclès et sa maudite épée.

Je m'autorisai un soupir, quand le pas d'Angus résonna dans mon dos. Je n'eus pas besoin de me retourner pour savoir que c'était lui, sa démarche lourde et rythmée le trahissait.

— Tu es prête à partir ?

Mes gants étaient encore mouillés, mes doutes, eux, loin d'être balayés, il me semblait pourtant que j'allais devoir prendre mon mal en patience. Je me tournai vers le Gardien, le sourire aux lèvres. Son attitude était impassible, mais il restait dans son regard une morosité que je ne parvins à ignorer.

— Presque, répondis-je en exhibant mes mains couvertes. J'ai compris sur le tard que le fil d'Ariane n'était pas étanche.

Il s'avança jusqu'à ce que le feu de la cheminée baigne son visage de sa lueur orangée. Avec un tisonnier, il se mit à attiser les braises. Davantage pour s'occuper les mains que par réelle nécessité.

— Tu n'as qu'à laisser tes gants sur la tablette un moment, ils sécheront plus vite.

Avec la chaleur du foyer, cela ne faisait aucun doute, mais cela impliquait de laisser mes mains nues. L'idée me rendait fébrile. Il m'apparaissait pourtant, avec plus de violence que je ne l'aurais cru, que me cacher éternellement derrière ces protections serait impossible. J'en avais fait l'expérience lors de la vaisselle, moment on ne peut plus banal ; je ne pouvais me reposer sur mes gants en toutes circonstances et devrais, à la longue, apprendre à m'en passer. Je plissai les paupières, songeuse. Angus m'encouragea avec bienveillance. Son sourire seul parvint à me donner l'impulsion qu'il me manquait. Comme le trophée d'une petite victoire, mes gants en fil d'Ariane luisaient à présent sur le manteau en marbre de la cheminée.

Le soupir que cela me provoqua, hélas, ne fut pas de

soulagement.

— Allez, détends-toi ! Dans le pire des cas, tu risques de rendre Hilke un peu plus riche, je ne vois pas le mal.

Son clin d'œil minimisa les choses, cela ne suffit pas à m'apaiser cependant. Je préférais ne pas y penser, aussi joignis-je mes paumes pour éviter tout contact.

— Tu n'auras pas peur toute ta vie, Lou.

Je levai mes yeux vers les siens, aussitôt fixée par l'ambre liquide de ses prunelles. Venait-il de feindre cette assurance pour me rassurer ou était-il sincère ? J'en vins à me dire qu'au fond, cela n'importait pas vraiment.

— Lia ne s'est jamais débarrassée de cette peur, je me trompe ?

Le silence qu'il observa parla à sa place.

— Elle s'est retranchée pendant des années dans votre cité protectrice, en sortir lui a coûté la vie...

Angus passa une main dans ses cheveux.

— Ce n'est pas comme ça que tu dois voir les choses. Tu es différente de Lia, cela se voit au premier coup d'œil. Par ailleurs, elle ne demeurait pas à Hestiapolis uniquement par crainte de ne savoir gérer le Souffle à l'extérieur ; il est vrai que c'est un don contraignant et qu'il attire les convoitises, mais sa principale motivation était de rester auprès de Rikke. Ils s'aimaient, avaient construit leur foyer dans la cité. Pour toi, cela n'a rien à voir. Je suis persuadé que tu trouveras un moyen de dompter ce pouvoir et que tu parviendras à mener la vie que tu souhaites.

Il était optimiste, et je ne pouvais le lui reprocher. C'était une qualité que j'appréciais chez lui. Il avait néanmoins oublié de mentionner l'inconnue dans l'équation qu'il venait de me détailler.

— Et l'Oracle ? relevai-je tristement. Ma vie et celles de cent personnes sont menacées et rien ne garantit que me calfeutrer jouera en ma faveur. Lia a fui cet endroit pour protéger le don qu'elle m'a transmis et je m'apprête à y retourner...

C'était la première fois que je dénonçais cette absurdité à voix haute et elle sembla frapper Angus autant que moi. Après un long silence, douloureux sans nul doute, il s'approcha et m'attira dans ses bras. La tendresse de son étreinte me surprit autant qu'elle me berça. Cette douceur était bienvenue, si bien que je relâchai la pression en un instant. Le silence qui nous entoura fut réconfortant. Nos respirations mêlées aux crépitements du feu donnaient une sensation agréable de légèreté.

Les minutes s'égrenèrent, mais aucune ne me parut assez longue. Au bout d'un temps qui me sembla un battement de cils, je m'extirpai de ce moment suspendu à contrecœur, trouvant toutefois le réconfort dans le sourire franc que m'adressait Angus.

— Aie confiance en Moira, d'accord ? m'avisa-t-il d'un ton calme. Quoi que désigne l'Oracle, je mets ma main au feu qu'elle ne cherchera jamais à te nuire.

Avec un demi-sourire, je relevai le menton vers lui.

— Ce dévouement que tu as pour elle, murmurai-je, c'est à la fois émouvant et terrifiant.

— Quand tu la connaîtras un peu mieux, tu comprendras.

Dans le silence de son sourire, je pouvais lire l'admiration qu'il vouait à cette femme. Elle représentait beaucoup pour lui, cela ne faisait pas de doute. Se rendait-il aveugle ? C'était la question qui brûlait mes lèvres.

— Moira a des défauts, concéda finalement Angus, mais elle a toujours agi dans l'intérêt des homérides, depuis le début et souvent au dépens de ses propres aspirations. Tu dois savoir que fonder Hestiapolis et la communauté des Gardiens s'est fait au prix d'un lourd sacrifice. Elle a perdu ses sœurs pour cette cause. C'est pour cela qu'on l'appelle la dernière Moire, car elle est la seule des trois encore en vie et je ne pense pas qu'elle ferait quoi que ce soit qui bafouerait l'acte de ses sœurs.

— Je ne le savais pas, soupirai-je. Comment sont-elles mortes ?

— Elles ne le sont pas tout à fait, disons qu'elles ont plutôt fusionné avec Moira.

— Fusionné ?

— Atropos et Lachésis ont donné leur vie pour que Clotho, plus jeune et plus forte qu'elles, accueille en elle leurs dons. Elle est ainsi devenue la Fileuse, la Réparatrice et l'Implacable, tout cela dans une même enveloppe, celle que tu as rencontrée ce matin, rebaptisée Moira. Autrement dit, elle maîtrise tous les maillons d'une vie, de la naissance à la mort, ce qui lui a ouvert la capacité de générer le lien d'Orkos.

— Et de créer les Gardiens.

Il hocha la tête.

— Oui, c'est devenu une nécessité lorsque l'Olympe a été renversé, qu'à mesure que les populations humaines évoluaient, les religions monothéistes se répandaient, amenuisant ainsi le pouvoir de dieux jusqu'alors chargés de la protection des homérides. Les moires ont eu cette idée brillante d'ériger ce foyer, sur la sépulture de la déesse Hestia. Un endroit qui accueillerait tout homéride qui en ferait la demande, un lieu sûr où nul ne pourrait pénétrer sans y avoir été autorisé.

— Autorisé par qui ? Moira ?

Pour illustrer son propos, Angus tira sur la chaîne qu'il portait autour du cou et dévoila son pendentif. Une forme ovale, un œil probablement, à l'intérieur duquel s'imbriquait l'Oméga.

— Tous les Gardiens portent cette clef sur eux, c'est ce qui leur permet de franchir le seuil d'Hestiapolis, avec un accompagnant s'ils le souhaitent. Sans ce sceau, il est impossible de repérer la cité et encore moins d'y entrer.

J'observai le médaillon, un peu moins gros qu'une pièce de dix livres sterling, qui tournoyait dans l'air. Le symbole de l'œil, je le devinai, n'était pas anodin.

— Cela fait référence à Moira ? demandai-je sans détour.

Angus ne parut pas surpris de ma question, sans doute devait-il s'y attendre.

— Pas entièrement, précisa-t-il, l'œil et l'oméga peuvent être interprétés de beaucoup de manières différentes. L'œil évoque la bienveillance ou l'attention qui sont les rôles principaux des Gardiens. Il est « celui qui veille ». L'oméga étant lui-même inspiré d'un hiéroglyphe qualifiant « l'œil », il s'apparente aussi à l'omniprésence ou, au contraire de l'Alpha, la fin. Il peut donc qualifier un panel assez important de personnes, comme tu l'imagines, à commencer par Moira, Hadès, Perséphone, Charon, Zeus ou même Cronos. Par ailleurs, chaque homéride est rattaché à cette image.

— Le glyphe.

Angus acquiesça.

L'Oméga en filigrane dans mes prunelles se trouvait aussi dans celles de chacun de mes semblables. Autrement dit, cet emblème concernait des centaines, voire des milliers d'homérides. Combien étions-nous en somme ? Je n'en avais pas la moindre idée. En y réfléchissant, l'Oméga, si on le traduisait par « l'œil », ouvrait une piste sur l'Oracle d'Ellie, cela n'aurait toutefois rien de réjouissant au regard du nombre de possibilités quant à l'identité du principal concerné. Il y avait de quoi devenir parano.

Angus, percevant mon trouble, me prit la main. À ma surprise, je ne sursautai pas ni ne tentai de m'éloigner, malgré ma peau nue. Ce contact m'apaisait au contraire, les vibrations du Souffle, pour le reste, se faisaient discrètes.

— Dans moins d'une journée, tu seras en sécurité à Hestiapolis, me rassura-t-il, j'aimerais néanmoins que tu portes ceci.

Baissant le regard sur le bijou qu'il venait de tirer de sa poche, j'éclatai de rire.

— Tu ne crois pas qu'il est un peu tôt pour m'offrir une bague ? On n'a même pas encore couché ensemble !

Il pouffa à son tour, avant de déposer l'anneau dans ma paume.

— Mets-la au lieu de dire des bêtises, et pour ce qui est du reste, ce n'est que partie remise.

Sans savoir dissimuler le rouge qui me montait aux joues, je passai finalement la bague à mon majeur. L'observant, il me vint une question.

— Tu ne crains pas qu'elle se change en or ?

— C'est déjà de l'or, ricana-t-il, aucun risque donc.

— Oh...

C'était un bijou discret, délicat, surmonté d'une magnifique pierre vert foncé zébrée de taches blanches semblables à des plumes d'ange.

— C'est une séraphinite ? Comme ta chevalière ?

À nouveau, une fossette marqua sa joue.

— Oui, c'est plus exactement un Gorgonéion. Le terme fait référence au bouclier d'Athéna, mais ici il s'agit davantage d'un talisman protecteur. Un lien entre toi et nous, Gardiens. En situation de danger, nous percevrons ta détresse et la pierre nous guidera jusqu'à toi.

— Nous voilà donc unis par les liens du Gorgonéion, plaisantai-je avec malice.

Riant, Angus se gratta la nuque.

— T'emballe pas, m'avoir sur le dos en permanence n'est pas forcément un cadeau.

Ça, je voulais bien le croire... Pour le meilleur et pour le pire...

Ω

Sous mon gant, je faisais tourner la bague autour de mon majeur, un tic nerveux qui empêchait mes mains de trembler. L'heure des au revoir approchant, nous nous tenions tous dans la cour, certains chargeant la voiture, d'autres embrassant chaleureusement Hilke sur le perron. Quant à moi, je tâchais de repousser l'eczéma qui menaçait de couvrir ma peau à tout instant. La perspective de me retrouver loin d'Angus m'angoissait. Depuis l'apparition de mon pouvoir, il avait toujours été là, j'avais pu me reposer sur lui, l'avais laissé me guider, me protéger. Il avait jusqu'alors représenté mon unique repère et je n'étais pas certaine de savoir m'en détacher. C'était idiot, puéril et très certainement pathétique, mais je ne parvenais pas à ravaler cette appréhension qui m'étreignait le ventre.

Mon Gardien, lui, semblait à mille lieues de ces préoccupations-là ; il enlaça sa filleule avec joie et discuta avec elle en allemand le sourire aux lèvres tandis que je me morfondais dans mon coin.

Un ricanement dans mon dos, tout à coup, me fit sursauter. Pivotant, je rencontrai alors les prunelles espiègles d'Ellie, bras croisés, qui semblait connaître avec exactitude mes pensées.

— Tu ne serais pas en train de nous jouer les Pénélope, dis ? se moqua-t-elle en se plaçant à côté de moi.

L'idée que l'adolescente soit douée de télépathie, en plus d'être capable de déchiffrer des oracles, me glaça. S'il existait une chose qui me mettait mal à l'aise, c'était bel et bien l'éventualité qu'on puisse lire en moi comme dans un livre ouvert. Je n'acceptais aucune intrusion dans mon jardin secret. Aussi sympathique que pût me sembler la jeune fille.

— Pourquoi est-ce que tu dis ça ? m'enquis-je en plissant le nez.

La jeune Pythie, d'humeur joueuse, me donna un coup d'épaule pour me dérider.

— Pénélope, Ulysse, L'Iliade et l'Odyssée, énuméra-t-elle joyeusement, ça ne te parle pas ? C'est quand même l'œuvre majeure de notre ancêtre, je te rappelle !

— Bien sûr, mais je ne comprends pas en quoi cela me concerne, avouai-je en grimaçant.

— Crois-moi, tu ne poserais pas la question si tu voyais ta tête, ricana la jeune fille, on dirait une épouse esseulée qui regarde, les cheveux au vent sur les rives d'Ithaque, s'éloigner le pentécontore[10] de son mari parti pour la guerre.

Le ton théâtral qu'elle employa me fit lever les yeux au ciel.

— Ça n'a rien à voir ! me défendis-je en tâchant de cacher mon embarras, je ne suis pas du tout une Pénélope !

— C'est vrai, il y a une différence, admit Ellie en riant, une différence majeure : nous ne sommes pas à Ithaque, et il n'y a pas de vent non plus…

La plaisanterie de l'adolescente, au bout du compte, parvint à me faire sourire. J'avais admis moi-même que mes états d'âme avaient quelque chose de pathétique. À l'instar d'une héroïne de roman un peu potiche, j'étais en train de m'en remettre au beau gosse de l'histoire. Quelle quiche ! J'étais pourtant parfaitement capable de me débrouiller seule, je l'avais démontré à de nombreuses reprises. J'étais forte et avais en ma possession les armes suffisantes pour me défendre. Angus était un soutien, pas une béquille.

Retrouvant mon équilibre, je me redressai et souris à Ellie dont les yeux pétillaient de malice. Télépathe ou pas, la jeune fille savait lire en moi comme le faisait Marshall ou Nimue. Cette complicité nouvelle, à sa manière, me donna le courage d'avancer vers l'inconnu.

---

10 Bateau grec à 50 rameurs, utilisé à l'époque de la Guerre de Troie.

Ω

— 30 —

Une bulle en dehors du monde ; des ruines antiques émergeant du sol et se fondant avec les constructions modernes, une étrange cohabitation qui, pourtant, semblait aussi naturelle que celle d'une huître agglutinée à un rocher. Thessalonique. Lorsque nous entrâmes dans la ville vers vingt-et-une heures, après une longue journée de route, je fus happée par l'atmosphère singulière, de forte influence byzantine, qui y régnait. La Tour blanche dominait les immeubles de béton et se dressait comme un rempart entre la terre et la mer. En ouvrant les vitres du véhicule, on percevait encore les effluves des marchés aux épices et je regrettai tout à coup d'avoir à traverser les rues en voiture plutôt qu'à pied.

Hélas, la capitale de la Macédoine centrale n'était pour nous qu'une escale. Un avion, un peu plus tard dans la nuit, devait nous mener à Delphes et ainsi nous rapprocher au plus près d'Hestiapolis. Je n'étais pas étonnée de découvrir l'emplacement de la ville gardienne, la Grèce semblait une destination évidente étant donné l'origine des homérides.

Après avoir rendu la voiture à l'agence de location, nous échouâmes à l'aéroport, minuscule et face à la mer. La vue, j'en étais persuadée, devait être magnifique en plein jour. Le cœur battant, je tenais dans ma main ma nouvelle carte d'identité. Ayant perdu mes papiers en même temps que mon sac au moment où j'avais quitté Falmouth, Ellie m'en avait fournis de nouveaux, m'affublant d'un nom d'emprunt. Je m'appelais désormais Louise Gennisi, c'était le nom de famille de Moira. Nous pouvions prétendre être de la même famille, ce qui, selon mes nouvelles amies, faciliterait les choses.

L'enregistrement se déroula sans encombre, mais il ne fallut pas dix minutes, les portiques de sécurité à peine franchis, pour qu'un retard soit annoncé sur notre vol.

— C'est tout le temps pareil ! pesta soudain Ellie. Il y a un avion sur vingt-cinq qui va à Delphes et c'est toujours la galère !

Cette remarque m'arracha un sourire, je fis aussitôt le parallèle entre l'adolescente et mon frère qui râlait en permanence sur l'irrégularité des passages des trains pour Truro. Les problèmes de transport étaient en toute vraisemblance universels.

— Pas de quoi dramatiser, signala Dora, cela nous permettra de manger un morceau avant l'embarquement.

Moira se mordait la lippe, la contrariété marquait ses traits.

— Ce n'est pas l'attente qui me dérange, avoua-t-elle, ce contretemps nous expose beaucoup trop, plus vite nous aurons rejoint Delphes, plus vite nous serons en sécurité.

Ellie soupira, exaspérée.

— Que veux-tu qu'il arrive ici ? L'aéroport est ultra sécurisé !

— Certes, mais cela ne doit pas nous empêcher d'être vigilantes.

À choisir, j'aurais préféré me ranger du côté de l'adolescente, mais j'étais méfiante, guettais la présence de glyphe dans les iris des voyageurs qui circulaient autour de nous. L'Oméga s'imposait machinalement à mes rétines, comme un loup que mon esprit parano matérialiserait derrière chaque arbre d'une forêt illusoire. Ne sachant plus à quoi me fier, je m'efforçais de me convaincre que le pouvoir de Dora était un atout majeur. Si un homéride approchait, elle le verrait venir et nous pourrions prévenir le danger. Par ailleurs, je doutais fort d'avoir à subir une attaque au beau milieu d'un espace *duty free* bondé.

Prenant une longue inspiration, j'avançai avec mes trois acolytes vers le café et commandai un *macchiato* caramel pour patienter. Ce laps de temps n'enchantait personne, rapidement l'atmosphère devint lourde et je n'osai parler. Ellie, la moins patiente de toutes, gesticulait sans arrêt, allait et venait du distributeur de sucreries à notre table, s'éclipsant aux toilettes par moment. Moira demeurait silencieuse, glaciale en réalité, elle tapotait sur la table de ses ongles vernis, sans doute pour s'empêcher de sauter à la gorge de l'adolescente qui semblait mettre son *self-control* à rude épreuve. L'ennui menaçait de me tuer sur place quand notre porte d'embarquement s'afficha enfin sur l'écran, au bout de trois heures et demie d'attente.

Le visage de Moira se crispa.

— Où est Ellie ? siffla-t-elle.

Pour arrondir les angles, Dora posa une main sur l'épaule de la dernière Moire.

— Partez devant, je vais la chercher, assura-t-elle.

Moira hocha la tête, résignée, boutonna son tailleur et se redressa sur ses talons hauts, comme un signal de départ. Je me levai à mon tour. Sans que je n'en comprenne la raison, une bouffée d'anxiété me saisit au moment où je lui emboîtai le pas. Un flot de personnes m'entoura, réveillant l'angoisse que j'avais tenté de maîtriser plus tôt. Au bout de mes doigts gantés, le Souffle de Midas pulsait, comme une sourde mise en garde. J'ignorai les voyants rouges que me communiquait mon esprit et suivis Moira dans la foule, tâchant de singer son allure pour ne pas la perdre de vue. Lorsque nous parvînmes à la porte, Moira me prit gentiment le bras.

— Passe la première, suggéra-t-elle les yeux braqués derrière nous, je veux être sûre que les filles nous rejoignent à temps.

J'acquiesçai puis présentai ma carte d'embarquement et mon passeport à l'hôtesse souriante. À mesure qu'elle examinait mes papiers, le visage de la jeune femme se métamorphosait. Des yeux ronds dirigés vers moi, elle marqua une pause, une expression crispée que son maquillage impeccable ne parvenait pas à dissimuler.

— Mettez-vous sur le côté, Mademoiselle, s'il vous plaît, intima-t-elle avec un accent prononcé.

— Quoi ? Je ne comprends pas, je…

Mon incompréhension ne sembla pas émouvoir l'hôtesse qui demeura de marbre.

— Sur le côté, s'il vous plaît.

Son ton était froid et sans appel. Quelque chose n'allait pas.

Mon dos se glaça de sueurs froides au moment où l'hôtesse se mit à pianoter quelque chose sur sa tablette. Avait-elle remarqué que mon passeport était faux ? Malgré la finesse du travail d'Ellie, j'imaginais qu'un œil acéré pouvait aisément repérer les failles. Je n'avais jamais trompé, jamais volé. J'avais horreur d'être mise en porte à faux. La situation m'échappait, j'étais tétanisée.

— Que se passe-t-il ?

La voix de Moira me parut lointaine, sourde, comme si j'étais déjà à mille lieues de la scène. Déconnectée. Des paroles s'échangèrent en grec sans que je ne comprenne rien. L'attention était fixée sur moi, je sentais les regards des voyageurs peser lourd. Le sang frappait contre mes tempes. J'avais chaud, j'étouffais.

Avant que je ne réussisse à esquisser un geste pour ôter ma veste, on me saisit par le bras, avec une telle poigne que je ne pus retenir un cri. Cela ne sembla pas décontenancer l'agent de sécurité qui maintenait la pression sur mon biceps. Armé jusqu'aux dents, la mine rabougrie, il n'avait pas l'air commode. Son expression seule décourageait la moindre tentative d'insubordination. Confuse, je ne tentais pas de résister quand, me donnant un ordre en grec, il m'attira vers une issue sur notre droite.

— Je suis avec elle, affirma Moira. Attendez !

Au moment où je me tournai pour la voir, deux hommes en uniforme l'immobilisèrent soudain, bloquant ses mains dans son dos, malgré ses protestations. Moins d'une minute plus tard, ils l'avaient menottée et embarquée dans une direction opposée à la mienne.

L'agent de sécurité me fit baisser la tête au moment où j'allais croiser le regard de Moira ; quand la porte d'un long couloir se referma sur moi, je cédai à la panique.

Ω

— 31 —

Quatre heures, peut-être plus. Le temps que je passais, assise sur une chaise inconfortable, luttant contre le sommeil, me parut une éternité. Je n'avais eu le droit à aucune explication, pas un seul indice sur la raison de ma présence dans ce couloir. Quel était le motif de mon arrestation ? Pourquoi Moira avait-elle été menottée simplement pour avoir déclaré qu'elle m'accompagnait tandis qu'on m'avait à peine brutalisée ? Où était-elle ? Allais-je subir un interrogatoire ? On me maintenait dans le flou total et cela ne laissait rien présumer de bon.

J'avais bien tenté de poser des questions à l'agent de sécurité qui m'avait conduite là, mais il n'était pas très loquace. Je doutais d'ailleurs qu'il comprenne l'anglais. Je n'entendais le son de sa voix que quand il grommelait quelques mots en grec dans son talkie-walkie. Hormis cela, le silence était presque total.

Mon corps était entièrement courbaturé, aucune position ne soulageait mes muscles, ni mes os perclus. J'avais soif, atrocement faim, et ma vessie menaçait d'éclater. Nous étions déjà probablement le matin, ou presque, aucune horloge ne pouvait toutefois me le confirmer. La fatigue alourdissait mes paupières, mais je refusais de sombrer. La brutalité du réveil que j'avais subi à l'arrière de la voiture d'Eddy et Pete me restait en mémoire comme l'un des pires jamais vécu. Je n'avais aucune envie de réitérer l'expérience. S'il m'arrivait quelque chose, je voulais le vivre de front, être en mesure de riposter.

Ma patience s'étiolait. Combien de temps encore allait-on me maintenir dans l'ignorance ? Attendait-on que je cristallise sur place et me change en statue de sel ? On me traitait en coupable sans que j'aie conscience du crime commis, c'était insupportable.

N'en pouvant plus, je cédai.

— Vous comptez me dire pourquoi je suis là ou pas ?

Les yeux fixes devant lui, une expression neutre sur le visage, l'agent de sécurité ne daigna même pas m'adresser un regard. Cela eut le don de m'agacer davantage.

— Est-ce trop demander de savoir ce que je fais ici à poireauter pendant des heures ? Où est ma cousine ? Moira Gennisi. Vous l'avez emmenée aussi, où est-elle ? Allo ? Je vous parle !

À nouveau, je me heurtai à un mur. Serrant les dents, je décidai qu'on s'était assez payé ma tête et me levai. J'eus à peine le loisir d'esquisser un pas que l'agent de sécurité agrippa un pan de ma veste et me fit rasseoir sans ménagement.

— Assise !

Hormis le fait qu'il s'adressait à moi comme à un chien, il usait de sa force comme un rustre. Je n'aimais pas cela et ne comptais pas me laisser faire.

— Dites-moi ce qui se passe et je resterai tranquille ! lui criai-je à la figure.

— A-ssise !

OK. C'était donc le seul vocabulaire anglais qu'il connaissait. Génial. Me faire comprendre allait s'avérer compliqué. J'avais envie de me frapper le front avec ma paume tant la situation était absurde. Si on cherchait à me rendre folle, la voie était bonne. Je n'avais pas encore rendu les armes au moment où une porte s'ouvrit finalement. Levant les yeux, je restai stupéfaite en découvrant l'homme qui s'encadrait dans l'embrasure. La joie qui explosa dans ma poitrine allait de pair avec la surprise que j'avais de le trouver là. L'émotion fut telle que je manquai fondre en larmes.

— Papa ?

— 32 —

Pour la première fois depuis plusieurs heures, je fermai les yeux sans craindre pour ma vie. Quand mon père me prit dans ses bras, une douce quiétude m'envahit avec bonheur. Je ne comprenais pas pourquoi il était là, comment il m'avait retrouvée, ni ce que tout cela signifiait réellement, mais ces questions me paraissaient dérisoires comparées au sentiment de sécurité que sa seule présence m'apportait. Je n'avais plus ressenti cela depuis longtemps, et c'était agréable.

Malgré l'émotion qui m'étreignait, je ne pleurais pas et me détachai de mon père pour l'interroger du regard. Du coin de l'œil, j'aperçus un homme, les mains dans les poches, qui se tenait à l'écart, sans doute pour nous laisser un peu d'intimité.

— Après avoir appris ta disparition, j'ai demandé à être rapatrié aussitôt, me révéla mon père. Est-ce que tout va bien ?

Incapable de répondre, je hochai la tête.

— Tu n'as pas été maltraitée ? Blessée ?

Je souris.

— Non, répondis-je, je suis juste un peu fatiguée. Comment est-ce que tu m'as retrouvée ?

M'attrapant avec douceur par l'épaule, il se tourna vers l'homme qui se tenait dans un coin de la pièce pour me le présenter.

— Louise, voici le lieutenant O'Flammel, c'est grâce à lui si nous t'avons repérée si vite. Son travail a été d'une efficacité remarquable !

Sensible aux louanges de mon père, le concerné s'avança

sans une once de modestie sur le visage. Au vu de son nom et du reflet roux dans ses cheveux châtain clair, je devinai qu'il était irlandais. Il se mouvait également avec une désinvolture caractéristique des hommes de l'île d'émeraude.

— Miss Fawkes, je suis heureux que nous ayons pu vous retrouver si rapidement. Vous pouvez remercier votre père d'avoir eu la bonne intuition de me faire confiance pour gérer votre cas, trop d'affaires impliquant des personnes de notre genre sont abandonnées à des agents complètement ignorants de notre monde, je vous laisse imaginer le nombre de *cold cases* qui en résultent.

Devant mon air ahuri, l'enquêteur haussa un sourcil, curieux.

— Notre genre ? relevai-je alors.

En souriant, O'Flammel retira de son annulaire une fine chevalière surmontée d'une pierre lisse. Au moment où l'oméga apparut dans les prunelles azurées de mon interlocuteur, j'esquissai un mouvement de recul. Mon père, pour m'éviter de tomber, me rattrapa par le bras. J'avais agi d'instinct, les heures passées à me triturer le cerveau sur un danger éventuel émanant de l'un de mes congénères m'avait rendue parano. Contemplant le lieutenant avec des yeux éberlués, je mis un peu de temps avant de me ressaisir.

— Désolée, fis-je à bout de souffle, je ne voulais pas... Enfin, j'ai eu peur, c'est tout.

Le Souffle, celui qui vivait à l'intérieur de moi, quant à lui, pulsait sous mes doigts, prêt à surgir au besoin.

— Je vous en prie, Miss, repris calmement O'Flammel, il semble que vous ayez subi de nombreux moments de stress au cours des derniers jours, il est normal que vous vous teniez encore sur le qui-vive. Vous n'avez rien à craindre de moi, vous êtes en parfaite sécurité à présent.

Constatant mon désarroi, mon père s'interposa entre l'enquêteur et moi. Les deux hommes faisaient la même taille et la carrure de mon père n'avait rien à envier à celle de O'Flammel, mais je savais d'expérience qu'il n'était pas du genre à flancher, en particulier quand le bien-être de ses enfants était en jeu.

— Je crois que ma fille a besoin de repos avant tout, peut-on remettre vos histoires d'homérides à demain ?

L'entendre prononcer ce mot me fit ouvrir les yeux ronds comme des soucoupes. Mon père était au courant pour les homérides ? Il abordait le sujet avec un naturel déconcertant.

Lorsque je posai le regard sur O'Flammel, je ne pus m'empêcher de remarquer la contrariété qui marquait ses traits. L'intervention de mon père, c'était facile à deviner, n'allait pas dans son sens et cela lui posait problème. Il n'avait sans doute pas l'habitude qu'on lui dise « non ».

— Commodore Fawkes, je crains que nous ne soyons pressés. Le témoignage de votre fille est crucial et pourrait mettre fin à des années de recherche.

En utilisant le titre militaire de mon père, l'enquêteur avait élevé la conversation à un grade plus formel, forçant mon père à l'écouter.

— Vous disiez que la déposition de Miss Morgenstern avait d'ores et déjà permis d'éclairer les zones d'ombres qu'il subsistait jusqu'alors dans votre enquête, de plus, le sauvetage de ma fille a permis la capture de votre principale cible, n'est-ce pas amplement suffisant ? Dois-je vous rappeler que Louise est une victime dans cette affaire, et que son bien-être me semble une priorité ? Nous acceptons de répondre à vos questions, mais nous vous saurions gré d'attendre que ma fille ait au moins repris des forces. Voyez-vous une objection à cela, *lieutenant* O'Flammel ?

De tout mon cœur, j'aurais souhaité en rester là et quitter la pièce avec mon père, mais quelque chose dans ce qu'il venait de dire me chiffonnait. Quelque chose que je ne parvenais pas à ignorer.

— Miss Morgenstern, relevai-je d'une voix blanche, Jasmine ? Jasmine Morgenstern ?

S'engouffrant dans la porte que je venais de lui ouvrir,

O'Flammel se pencha vers moi.

— Précisément, votre collègue a déclaré votre disparition auprès de l'Ordre homéride, elle a donné chaque détail de l'agression que vous avez toutes deux subie le soir du 2 novembre dernier, ce qui m'a permis d'entrer en contact avec votre famille et de lancer les recherches. Sachez, Miss Fawkes, que nous traquons les criminels qui s'en sont pris à vous depuis des années et que...

— Attendez ! le coupai-je. L'agression que *nous* avons subie ? C'est une blague ?

Je n'avais pas la moindre idée de ce que représentait l'Ordre homéride, probablement une autorité quelconque qu'on ne m'avait pas encore présentée, mais une chose était certaine : Jasmine avait un culot monstrueux ! À moins que mes souvenirs ne me fassent défaut, il me semblait pouvoir affirmer que j'étais la seule à avoir vécu une agression ce fameux soir.

— Louise ?

— Miss Fawkes, il y a un problème ?

Je relevai les prunelles vers mon père et le lieutenant qui me toisaient avec incompréhension. Pour une fois, c'était à mon tour d'éclairer les lanternes.

— Oh oui, il y en a un ! m'exclamai-je. Se faire passer pour une victime quand on a les mains sales, pour moi, cela pose un problème, un gros problème !

— Que veux-tu dire, chérie ?

— C'est Jasmine qui m'a vendue à ces criminels, Papa ! Elle est de leur côté, c'est à cause d'elle qu'ils m'ont emmenée !

Mille émotions passèrent sur le visage de mon père, tandis que j'étais incapable d'exprimer autre chose que de la rancœur. Il m'était arrivé d'éprouver de la pitié pour Jasmine, d'essayer de me mettre à sa place, de comprendre ses motivations, mais ce que je venais d'apprendre me donnait des haut-le-cœur. Jouer avec les sentiments de mon frère pour se rapprocher de moi, me séquestrer, me livrer à deux bandits infâmes, il fallait qu'en prime elle se fasse passer pour une pauvre petite biche innocente ? C'en était trop ! Comment pouvait-elle seulement se regarder dans une glace ?

— Vous êtes en train de dire que Miss Morgenstern est de mèche avec Moira Gennisi ?

— Moira ? répétai-je. Non, non, c'est...

— Moira Gennisi est une criminelle hautement recherchée par l'Ordre homéride depuis des années. Avez-vous par hasard entendu parler d'Hestiapolis, Miss Fawkes ?

— Oui, c'est la cité gardienne, mais...

— Elle le fut jadis, c'est exact. Depuis le IVe siècle, la cité a apporté une protection aux homérides, souvent assimilés à des sorciers ou des démons aux yeux des communs.

— Les... communs, relevai-je.

— Oui, « communs » ou « nihiglyphes », on appelle ainsi ceux qui n'ont pas hérité du gène d'Homère. Je disais donc, pendant près de mille-cinq-cents ans, Hestiapolis constituait l'unique refuge pour ceux qui étaient traqués, chassés, martyrisés ou menacés, mais aujourd'hui, l'Ordre homéride se charge de cela et tâche, au lieu de les cacher, de faire vivre les descendants d'Homère en harmonie avec les communs.

« Sachez, Miss Fawkes, que nous sommes de fervents défenseurs des droits des homérides, hélas, Moira Gennisi ne semble pas voir cela du même œil. Sa vision des communs est rétrograde, elle continue de l'appréhender comme des ennemis, tandis que L'Ordre prône l'idée qu'une vie en communauté est possible.

« Le temps des fourches et de la chasse aux sorcières est révolu, ce que refuse de croire l'intendante d'Hestiapolis, diabolisant encore et toujours nos cousins nihiglyphes. Depuis notre création, elle n'a eu de cesse de s'opposer à nous, de condamner nos lois, notre système, parfois de manière très virulente.

« Elle détourne les jeunes homérides en prétendant les protéger. Elle cherche à façonner les esprits, à inculquer des idées réactionnaires dans la tête de ceux qu'elle appelle ses « protégés ». Sa forteresse est telle qu'aucune autorité, commune ou homéride, ne peut y pénétrer, ni ne sait où la trouver. Hestiapolis peut être perçue comme un véritable havre de paix, il est vrai, mais cette belle image, hélas, se ternit lorsqu'on est soudain privé de libre arbitre.

« Moira Gennisi est une femme puissante et donc dangereuse, mais la confiance de ses protégés s'amenuise de plus en plus, le désir d'intégration se fraye un chemin dans les mentalités des nouvelles générations d'homérides et elle ne peut rien y faire. »

Un sourire naquit sur ses lèvres, ne cachant pas sa satisfaction évidente.

« C'est une source anonyme qui nous a conduits jusqu'à vous, Miss Fawkes. Une personne sensible à la liberté de ses semblables, de la vôtre en l'occurrence, et qui nous a informés que vous seriez à l'aéroport de Thessalonique cette nuit. Si ce que vous affirmez à propos de Jasmine Morgenstern est vrai, si elle avait reçu les ordres de vous capturer auprès de Moira Gennisi et qu'elle les a trahis, alors c'est le signe que l'influence de la Moire est en train de diminuer significativement.

« Pour la première fois depuis des décennies, nous avons pu la mettre derrière des barreaux, mais j'ai encore besoin de vous, Miss Fawkes, votre histoire peut changer la donne. En témoignant, vous pouvez mettre fin à cette mascarade une bonne fois pour toutes. »

Quand je levai les yeux vers O'Flammel, la détermination qui marquait sa mâchoire carrée me frappa, je dus me retenir de rire. Avait-il cru m'avoir avec ce monologue passionné ? Malheureusement pour lui, je n'étais pas dupe.

— Vous faites fausse route, déclarai-je en serrant les dents, ce n'est pas Moira qui a envoyé Jasmine après moi. Jazz me l'a dit elle-même, le commanditaire de mon kidnapping menaçait la ville gardienne et non votre Ordre homéride dont je n'ai jamais entendu parler ! Contrairement à ce que vous cherchez à me faire croire, Moira n'est pas nocive, ne retient personne contre son gré et n'a pas le moindre grief contre les… comment vous dites ? Les communs, c'est ça ? Elle est loin d'être la criminelle que vous décrivez.

Le lieutenant m'observa, comme s'il cherchait à déceler une faille, mais je demeurai de marbre. Était-ce son discours ? Son attitude ? Je n'en savais rien, mais quelque chose en lui m'empêchait de lui faire confiance.

— La connaissez-vous réellement ? me demanda-t-il.

J'aurais aimé répondre du tac-au-tac, lui rabattre son caquet, mais ne trouvai pas le moindre argument pour lui faire face. La vérité me sauta à la figure, plus brûlante que je ne l'aurais cru. En réalité, je ne connaissais pas Moira ; je lui faisais confiance parce qu'Angus m'avait convaincue de m'en remettre à elle, mais cette loyauté n'était pas naturelle. Si le discours du lieutenant O'Flammel m'apparaissait comme un tissu de mensonges, je ne pouvais toutefois ignorer ce doute qui subsistait en moi. Mon visage, hélas, avait toujours été un livre ouvert pour quiconque se montrait un brin observateur, ce dont profita mon interlocuteur.

— Moira et ses gardiens peuvent se montrer très persuasifs. Je vous prie de croire qu'ils sont passés maîtres dans l'art de la manipulation.

— Personne ne me manipule ! rétorquai-je, agacée qu'il me fasse la leçon.

— N'avez-vous pas entendu à de nombreuses reprises que vous étiez en danger, que votre don était menacé, qu'il fallait à tout prix vous protéger ? Mais vous protéger de quoi, Miss Fawkes ? Savez-vous au moins quel ennemi vous fuyez ? Cette femme est un poison, le comprenez-vous ?

Jusqu'alors, l'enquêteur avait su garder une distance, détacher ses émotions de cette affaire qui semblait le prendre aux tripes, mais cette fois-ci, l'animosité qu'il portait à Moira transparaissait dans sa voix, sans qu'il ne parvienne à la contrôler.

L'atmosphère se fit lourde et l'électricité statique redressa les poils de ma nuque. Depuis l'éveil du Souffle, j'avais perçu une menace planer au-dessus de moi, une impression qui s'était cristallisée au moment où Jasmine avait évoqué cet homme aux pouvoirs terrifiants qui en avait après moi, mais ce danger avait conservé le caractère d'une ombre. Une présence sous-jacente, un spectre que je n'avais jamais encore pu appréhender de mes propres yeux. O'Flammel mettait justement le doigt sur une crainte qui ne me quittait pas depuis des jours, cet éventail de possibilités qui donnait à chaque visage que je croisais les traits d'un ennemi potentiel. Celui de Moira, je le réalisai, ne faisait pas exception.

Ω

— 33 —

Le jour émergeait, baignant de sa lumière d'or les rues de Thessalonique qui, de manière étonnante, avaient perdu de leur splendeur à mes yeux. Peut-être était-ce ce qu'on appelait la désillusion, peut-être étais-je trop épuisée pour apprécier la beauté qui m'entourait, ou peut-être avais-je seulement besoin de rester neutre, de ne plus me laisser influencer par de la poudre aux yeux.

Le menton dans la paume, le front appuyé contre la vitre du taxi qui nous ramenait, mon père et moi, à l'hôtel où nous attendait le reste de la famille, je me sentais morose.

— Tu as pris la bonne décision, Louise, je suis fière de toi.

Pensive, je me tournai vers mon père. Son sourire était à mi-chemin entre la fierté et la bienveillance. Il essayait de me réconforter.

— Tu crois vraiment ?

Je n'avais pas cédé. Les arguments du lieutenant avaient été très convaincants et avaient eu un impact certain sur moi, ébranlant quelque peu mes convictions, mais j'avais quand même refusé de témoigner contre Moira. Coûte que coûte.

— Tu semblais convaincue de l'innocence de ton amie, alors oui, je pense que tu as bien fait de tenir tête à cet homme.

Il m'était difficile, en effet, d'imaginer que Moira puisse être cette personne manipulatrice et malfaisante qu'avait décrite O'Flammel, toutefois, je ne pouvais m'ôter de l'esprit que le lieutenant n'était pas le seul à se méfier d'elle. Lia, après l'Oracle d'Ellie, avait fui Hestiapolis, persuadée que l'Œil qualifiait la dernière Moire. Ellie, elle-même, n'avait pas démenti cette hypothèse et semblait sur la défensive quand Moira se trouvait près d'elle.

Sans compter que, pour me retrouver, O'Flammel avait reçu l'aide d'une source anonyme, j'en arrivais à me demander si la source en question n'était pas Ellie. L'adolescente s'était montrée plutôt froide tout au long du trajet et avait disparu de longues minutes avant l'embarquement. Elle connaissait l'heure et la destination de notre vol et avait donc très bien pu donner l'alerte.

Quelles avaient été ses motivations ?

Ce n'était, évidemment, que des suppositions, mais elles donnaient à réfléchir.

— Tu n'aurais pas dû affronter cela toute seule, je suis tellement désolé Louise...

Je pinçai les lèvres devant le désarroi de mon père. Il se sentait responsable de ce qui m'arrivait, mais comment aurait-il pu prévoir une chose pareille ? À trop me focaliser sur mes états d'âme, j'en avais oublié sa sensibilité et l'émotion que ma mère et lui avaient dû ressentir en apprenant l'existence d'une communauté différente du commun des mortels. En plus d'avoir à subir l'angoisse de mon enlèvement, il leur avait fallu assimiler que j'étais désormais dotée d'un pouvoir surnaturel. Leur avait-on seulement expliqué ce que j'étais capable de faire ?

— Je n'étais pas vraiment seule, tu sais ? Il y a eu...

— Oui, Nimue nous a tout expliqué, me coupa-t-il. Comment vous avez entamé les recherches, l'appel que vous avez lancé sur le forum surnaturel, ce type qui t'a aidée à comprendre... C'est quand Nimue a évoqué ta subite faculté à changer les objets en or que j'ai su que ton glyphe s'était révélé.

Mon père, qui d'ordinaire m'apparaissait si sûr de lui, affichait un air démuni. Le regard fuyant, il observa un moment le silence. Dans ma tête les engrenages se mirent à tourner, vite, trop vite. Ils s'affolaient, alimentés par un amalgame de pensées folles.

— Tu veux dire que...

Ma phrase se retrouva suspendue par le fracas tonitruant d'un coup de tonnerre. L'éclair nous aveugla un court instant et la voiture freina si brusquement que ma ceinture de sécurité me coupa le souffle. Le chauffeur bafouilla quelques mots en grec, son ton était empli de panique.

— Tout va bien ? chercha à savoir mon père en captant le regard du conducteur dans le rétroviseur.

Ce dernier marmonna quelques « *don't worry* » entrecoupés de ce que j'assimilai à des jurons dans sa langue natale. La foudre, à en juger par la forte odeur de brûlé et la fumée qui s'échappait du goudron devant nous, lui était tombée sous le nez, d'où l'état de choc dans lequel il se trouvait. Mon père et moi échangeâmes un regard inquiet quand une ombre dans le ciel voilé de nuages attira mon attention. En me collant à la fenêtre, j'eus le temps d'apercevoir la silhouette d'une gigantesque créature ailée, à corps de lion et à tête de...

— Louise, attention !

J'eus à peine le temps de me retourner qu'un éclair heurta notre véhicule de plein fouet, déchirant ma rétine de sa lumière perçante. Un grondement du diable résonna dans l'habitacle et l'impact nous propulsa sur plusieurs mètres. Dans un vacarme de tôle froissée, de vitre brisée et de gomme crissant, le taxi tourneboula pendant un temps qui me parut infini, avant de percuter un mur de béton.

Ma vision trouble et un sifflement dans mes tympans, je ne réalisai pas de suite. Une étouffante purée de pois à l'odeur désagréable d'essence m'entourait de tous les côtés. Instinctivement, je toussai. À la sensation de flottement que j'éprouvais, je devinais être à l'envers, les bras dans le vide, retenue par ma ceinture qui me pinçait la taille.

Ma première pensée fut pour mon père. Je ne l'entendais pas, ne parvenais pas non plus à tourner la tête pour l'apercevoir. Je voulus l'appeler, mais ne réussis pas à émettre le moindre son.

Était-il blessé ? Ou pire ?

De là où je me trouvais, mon champ de vision se réduisait à un amas de débris et un morceau de bitume, lequel fut soudainement foulé par une paire de chaussures masculines, longues à bout carré. L'homme mit un genou au sol puis se pencha vers moi, dévoilant deux yeux gris reconnaissables entre mille. Un sourire carnassier fendit le visage de O'Flammel tandis que la peur m'étreignait le ventre.

— Nous n'en avions pas terminé, Miss Fawkes, je ne pouvais pas vous laisser partir.

Ω

— 34 —

Je repris connaissance dans un brusque sentiment de panique ; l'air allait et venait dans mes poumons ankylosés sans parvenir à les alimenter. Quand je tentai de redresser la tête, une quinte douloureuse m'écorcha la gorge. Un goût salé emplit ma bouche, me filant la nausée. Du sang ? Des glaires ? Peut-être même les deux. J'avalai et reprimai mon écœurement. Mes cordes vocales sifflèrent. J'avais mal. Où ? Impossible pour moi de le déterminer. Partout. Nulle part... Une migraine peut-être ? Des muscles engourdis. La bouche sèche. Un peu soif...

Je ne me souvenais pas du moment exact où je m'étais évanouie. La peur seulement revenait à la surface, le reste demeurait un vide immense.

Au moment où je rouvris les yeux, une désagréable combinaison de formes floues et de lumières vives m'assaillit. Puis, les traits de plus en plus nets d'un lieu que je ne connaissais pas s'imprimèrent sur mes rétines.

Je n'étais plus dans la voiture, l'odeur de carburant avait disparu pour laisser place à celle, verte et acide, d'une nature sombre après la pluie. Je n'avais pas la moindre idée de l'endroit où se trouvait mon père, ni s'il avait survécu. La souffrance d'envisager sa perte me traversa, mais je ne la laissai pas m'envahir. Le danger, je percevais son amertume sur ma langue, rôdait comme le loup, sur le point de bondir.

Ignorant mes muscles douloureux, j'étirai la nuque pour faire un état des lieux. La pièce était confinée, sans fenêtre ni mobilier, à l'exception de la table chirurgicale sur laquelle j'étais étendue. La seule lumière provenait de l'ampoule nue qui pendait au plafond et qui m'aveuglait.

L'humidité ambiante me laissait deviner que je me trouvais au sous-sol. Un sous-sol ou bien un bunker au fond du jardin. Cliché, mais pourtant vrai.

Remuer l'un de mes membres se solda par un échec. Des liens solides m'entravaient les poignets et les chevilles. Une sensation de froid sous mes mains fit se raidir mes muscles, mes doigts étaient nus. Pour confirmer mes craintes, je frictionnai mon pouce et mon index ensemble, aucune barrière rugueuse n'arrêtait le mouvement, signe que mes gants avaient bel et bien été retirés.

Merde.

L'angoisse me saisit violemment, si bien que je dus réprimer des larmes. Tout cela se présentait comme l'odieuse caricature d'un film d'horreur. Un mauvais remake du *Monstre de Frankenstein*. Il ne manquait plus que le savant fou...

— Louise ! s'écria subitement O'Flammel en apparaissant dans mon champ de vision. Tu es réveillée ?

Et quand on parle du loup...

Son ton enjoué me fit grincer des dents.

— C'est vous ? Pourquoi cela ne m'étonne pas ! persiflai-je.

— Eh oui, comme tu vois, c'est moi ! Surprise, surprise !

Je serrai la mâchoire, la moutarde me monta au nez.

— Sommes-nous devenus amis pendant mon sommeil ? A-t-on lancé un élevage de porcs ensemble sans que je ne m'en aperçoive ? raillai-je. Au dernier épisode, il me semblait pourtant vous avoir entendu me vouvoyer et m'appeler « Miss Fawkes ».

Docteur Maboul me gratifia d'un grand sourire sadique en se penchant au-dessus de moi.

— J'ai pensé que le tutoiement te mettrait plus à l'aise, je me trompe ?

— Pour me sentir à l'aise, il aurait fallu que je ne sois pas saucissonnée à une table d'autopsie, sifflai-je entre mes dents.

— Ne t'inquiète pas, cela ne sera pas long, j'ai simplement besoin d'effectuer quelques petites expériences. Sois patiente.

Une lueur dangereuse brilla dans ses iris d'acier quand son attention se concentra sur mon bras où une aiguille avait été plantée, laquelle était reliée à une étrange machine. Sur un écran noir s'affichait une mesure en lettres blanches : « 460 nmol ». Je n'avais pas la moindre idée de ce que cela signifiait.

La sérénité qu'exprimait O'Flammel m'apparut odieuse. Un homme capable de causer sciemment un accident sans se soucier des pertes et fracas n'était pas du genre à s'embarrasser des scrupules. Il n'en avait pas eu le moindre lorsqu'il avait mutilé Lia, puisqu'il m'apparaissait évident que c'était lui le responsable. Il n'avait pas cillé non plus en salissant le nom de Moira en me la dépeignant comme une mégère conservatrice et rongée de vices, sa voix n'avait pas tremblé de honte quand il m'avait invitée à lui faire confiance alors qu'il était celui que je devais fuir.

Je bouillis de rage quand mon ravisseur se fendit d'un ricanement insupportable.

— Moira n'est pas si blanche que tu le croies, chère Louise.

J'écarquillai les yeux, avais-je pensé tout haut ?

— Sa cause peut te paraître juste, mais crois-moi, les dommages collatéraux ont été nombreux dans la réalisation de son petit rêve utopique. J'ai peut-être exagéré certains détails, mais comprends bien que les fondations d'Hestiapolis n'ont pas été érigées sur la seule sépulture de la déesse du foyer. La terre qui l'accueille est rougie du sang de plus d'un innocent, mais que valent donc quelques maigres sacrifices contre la sécurité du plus grand nombre, hum ?

Sa rancune envers la dernière Moire était évidente, une singulière douleur ternissait ses prunelles claires. Quel passé partageait-il avec Moira ?

— « Rancune » est un qualificatif un peu faible, je hais cette femme. Réduire en cendres tout ce qui lui est cher me procurerait une joie immense, mais nous ne sommes pas là pour parler d'elle. Oh, ne fais pas cette tête, *Louisette* ! C'est comme ça que te surnomme ton frère, n'est-ce pas ? Louisette ? Je me suis dit que retrouver un élément un peu familier te détendrait un peu. Non ? Tant pis.

— C... comment est-ce que vous savez ça ? Vous m'avez espionnée ?

— Eh bien, tu me surprends ! J'ai dû te griller le cerveau dans l'accident, tu es plus perspicace que cela d'ordinaire. Un peu longue à la détente, parfois, c'est vrai, mais quand même. Tu n'as pas encore deviné ?

Il lisait dans mes pensées...

— Bravo ! Tu vois quand tu veux ! Grâce à un simple contact physique, j'ai accès aux plus intimes de tes secrets. Tu ne peux rien me dissimuler, je connais chacune de tes émotions et perçois la moindre de tes interrogations. Oui, c'est moi qui ai invoqué la foudre. Non, je ne compte pas te libérer de sitôt. Il est exactement 17h28 et tu te trouves bel et bien dans mon sous-sol. Pour ton père... je ne sais pas, il était inconscient quand je t'ai extirpée du véhicule, mais ne t'en fais pas, il est probable que des passants aient appelé les secours en voyant la voiture accidentée sur la voie.

— Il n'y avait presque pas de passants, il était à peine cinq heures du matin ! protestai-je, véhémente. Vous l'avez laissé là sans rien faire ? Seul et blessé ?

Je serrai les dents, partagée entre l'envie de lui crever les yeux en enfonçant mes pouces dans ses orbites ou celle de lui faire bouffer les entrailles que j'aurais volontiers arrachées de son abdomen.

— Mes dieux, Louise, ce que tu manques d'imagination !

Il soupira, feignant l'exaspération. Je l'ignorai.

— Qu'est-ce que je fais là ? Pourquoi suis-je attachée ?

Il fit claquer sa langue en rajustant l'aiguille plantée dans mon bras, la brûlure me fit grimacer.

— Oui, j'avais entendu ces questions-là aussi, j'avais fait

exprès de les ignorer, vois-tu ?

— Non, je ne vois pas justement. Vous allez me dire ce que je fais là ! Pourquoi m'avoir enlevé mes gants ? Est-ce nécessaire ?

— Des questions, toujours des questions, tu n'as que ça à la bouche, ou à l'esprit, peu importe, toujours est-il que c'est agaçant ! Tu vois cette machine, elle me permet de mesurer le taux de cortisol dans ton sang et là, vraiment, c'est beaucoup trop faible, je ne suis pas content du tout. Tu devrais davantage te soucier de ça que du reste.

Et lui faire plaisir ? Plutôt avaler un bidon d'acide ! Qu'en avait-il à faire de mon taux de corti-machinchose ?

— Cortisol, me reprit O'Flammel, c'est une hormone comme l'adrénaline ou la noradrénaline, qui est sécrétée en cas de stress intense, de colère ou de douleur par exemple. J'ai longtemps étudié le fonctionnement de nos pouvoirs, Louise, et vois-tu, je suis arrivé à une conclusion intéressante. Chez les communs, quand ces hormones sont en quantité trop importante dans le sang, l'hypophyse relâche des morphines cérébrales, comme l'endorphine, pour bloquer les messages douloureux, mais les homérides, eux, possèdent un bouclier plus puissant encore. Chez toi, il s'appelle le Souffle de Midas, chez moi, la Main de Zeus, tu comprends ?

La Main de Zeus ? Même son pouvoir était prétentieux. Cette fois-ci, et j'en remerciais tous les dieux de l'Olympe, O'Flammel ignora ma remarque mentale.

— Le pouvoir que tu possèdes est d'une pureté rare, tu as entre les mains un trésor d'une valeur inestimable et tu voudrais le cacher ? Pourquoi ? Lia faisait la même erreur que toi et regarde où ça l'a menée.

Pouvoir, valeur inestimable, trésor... Sa cupidité me donnait envie de gerber.

— L'or, c'est tout ce qui vous...

— Laisse donc l'or pour les imbéciles, Louise, je te parle de choses bien plus précieuses encore. N'as-tu jamais songé à tout ce que tu pourrais accomplir avec l'extraordinaire capacité dont tu es dotée ? Toute l'énergie créative que tu pourrais développer ?

Oh, mais si, j'y avais songé ! J'avais d'ailleurs fait mes premiers pas dans ma carrière d'artiste ; une statue criante de réalisme gisait dans un fossé quelque part près de Bath, un meuble ayant profité d'un *home staging* tout particulier trônait dans une maison au fin fond de l'Allemagne, quant à mes premiers essais, une paire de boots hypra tendance qu'on allait bientôt s'arracher sur *eBay*...

Sérieusement ?

– Ne sois pas si rabat-joie, petite, tu n'as pas idée de la puissance qui sommeille en toi et ce n'est pas à Hestiapolis que tu la découvriras. Je te propose, au contraire, de servir des causes nobles, et non de te terrer à l'abri des merveilles que ce monde peut t'offrir. Avec moi, tu n'auras pas à te cacher comme du gibier peureux. Ton don est bien trop beau pour que tu ne continues à le brider.

À l'évidence, il ne m'avait pas privée de mes gants pour que je file de la paille sur une vieille quenouille et ne la change en or. Il ne s'intéressait pas à la valeur marchande du métal précieux que j'étais capable de produire, mais bel et bien à mon pouvoir en lui-même et aux secrets qu'il semblait receler.

Un sourire en coin étira sa bouche machiavélique, signe évident que j'étais sur la bonne voie.

Je ne comprenais pas ce qu'il me voulait exactement. Il portait aux nues le Souffle de Midas tandis que lui-même était capable de lire dans les pensées et maîtriser la foudre. Il n'avait rien à m'envier.

Il convoitait le Souffle pour autre chose, quelque chose que je n'avais pas encore découvert. Mais quoi ?

– Je vais éclairer ta lanterne, petite Louise, j'ai besoin que tu te serves de ton don. J'ai besoin que son énergie atteigne son paroxysme pour que mon expérience soit réussie, tu comprends ? Alors soit tu fais preuve d'intelligence et tu actives le Souffle pour moi, soit... eh bien disons que je vais être obligé le stimuler un peu.

Un coup d'œil sur la machine reliée à ma prise de sang n'aurait pas pu être plus clair. L'air déserta mes poumons, la sueur perla sur mon front tandis qu'une macabre pensée se frayait un chemin jusqu'à mon esprit.

— Vous comptez me torturer ? soufflai-je d'une voix tremblante.

Ce type était le mal incarné ! Un démon qui ne connaissait aucune borne.

— Oh, je t'en prie, Louise, ne sois pas si binaire. Je te laisse le choix, ne l'oublie pas.

Je ricanai amère.

— Des entraves et un ultimatum, permettez-moi de vous dire que votre conception du libre arbitre laisse à désirer !

Il ne répondit pas, bien entendu, gardant sa verve pour le mensonge et la perfidie. De la foudre semblait danser entre ses doigts et crépitait dangereusement. Il ne me touchait pas, mais je pouvais néanmoins percevoir la piqûre de l'électricité sur ma peau, même à distance. Un avertissement. Qu'il aille au diable ! Il pouvait me martyriser autant qu'il le voulait, je ne céderais pas.

— Bon... comme tu voudras.

Au moment où ses doigts se posèrent sur mon plexus, un éclair de douleur me paralysa, l'électricité traversa mon corps et fit bouillir mon sang. Percluse de souffrance, je criai à pleins poumons. Chaque parcelle de ma peau se tenait au supplice, à tel point que je me mis à rêver qu'on m'arrachait l'épiderme pour me soulager de cette torture infernale. Mes yeux se révulsèrent, un liquide chaud et poisseux encombra mes oreilles. La piqûre était si vive que j'eus la sensation de n'être plus qu'un amas de terminaisons nerveuses hurlant à la mort.

Juste avant de me sentir partir, la douleur s'estompa enfin. Lentement, je retrouvai la sensation de mon corps comme après une anesthésie. Le flou gaussien qui nappait mes prunelles se dissipa, laissant place au rictus malsain de mon tortionnaire. Ses iris luisaient d'un éclat terrifiant qui me faisait trembler.

Un sourire satisfait barrait son visage, il avait la main mise sur moi. Une quelconque réplique me semblait impossible, il était bien trop puissant, bien trop mauvais pour que je lui tienne tête. Il ne reculait devant rien.

— Cette petite décharge t'aurait-elle fait changer d'avis, chère Louise ?

Sa voix était du velours, mais je pouvais sans mal déceler le venin sur sa langue fourchue. Fulminante, j'oubliai la peur, la souffrance et serrai les dents avec détermination. Il pouvait avoir recours à ces pratiques barbares tant qu'il le souhaitait, il n'obtiendrait rien de ma part, pas de mon propre chef du moins. C'était sans doute le comble de l'idiotie, mais je me jurai de tenir bon. Mon amour propre m'interdisait de tomber à ses genoux pour le supplier d'arrêter, je refusais fermement d'abdiquer.

Je durcis mon regard autant qu'il m'était possible de le faire, je pris une longue inspiration puis, grâce au souvenir des leçons de mon frère lorsque nous étions enfants, je lui crachai à la figure le plus énorme mollard que j'avais en rayon. Je n'avais jamais été très douée pour viser, mais cette fois-ci, je n'aurais pas pu mieux faire. J'explosai de rire en constatant que le projectile avait atterri exactement sous son œil droit. Quant à lui, il sembla bouillir de l'intérieur, la colère gagna peu à peu les traits de son visage. Tant mieux. Le mettre en rogne était le seul pouvoir que j'avais en ma possession, du moins le seul qui puisse avoir un effet sur lui, et je comptais bien m'en servir. Quoiqu'il m'en coûte.

Il sortit finalement un mouchoir en tissu de la poche de sa veste, de ceux qui se faisaient encore dans les années 50, et s'essuya la joue. Dommage, le crachat lui allait pourtant bien au teint ! Ses prunelles s'assombrirent subitement, tirant à présent sur le violet. Sa poigne se raffermit autour de mon cou, un très mauvais quart d'heure m'attendait. Cette perspective, toutefois, ne me fit pas flancher.

— Dois-je comprendre que non ?

D'après toi, Sherlock ?

Ses iris semblèrent se liquéfier comme de la lave en fusion au moment où il perçut mes pensées. Fou de rage, il coula toute sa puissance sur moi et m'arracha un cri déchirant.

Ω

— 35 —

Je tournais de l'œil pour la troisième fois au moment où mon tortionnaire me lâchait. Il soufflait comme un bœuf et ses yeux étaient rouges, je n'étais visiblement pas la seule à morfler. Depuis combien de temps livrions-nous bataille ? Vidée de toute vitalité, je grelottais, frigorifiée par les multiples seaux d'eau glacée qu'il m'avait lancés à la figure pour me faire craquer. Le plus difficile n'avait pas été d'encaisser la douleur, mais surtout d'empêcher le Souffle de se manifester. La lutte avait été acharnée, mes forces, hélas, m'abandonnaient petit à petit, annonçant mon imminente défaite. Mes doigts picotaient et mes paumes étaient brûlantes. Je n'avais pas pu le retenir plus longtemps.

Des larmes de déception zébraient mes joues tandis que sous ma peau naissait la froideur caractéristique de l'or. La table entière se métamorphosa sous l'action de mon pouvoir pour la plus grande joie de mon bourreau qui explosa. Son rire était celui d'un vainqueur et perça mes tympans de la manière la plus désagréable qui fût. Un goût amer infiltra ma bouche, je maudissais la faiblesse qui m'avait empêchée de tenir plus longtemps. J'avais envie de hurler de rage, mais je n'avais que trop crié. Mes cordes vocales étaient douloureuses et mes muscles vibraient encore des salves foudroyantes que mon corps avait subies. La peau de ma poitrine était à vif à l'endroit où il avait placé sa main, brûlée au troisième degré.

— Ne sois pas si sévère avec toi-même, petite, intervint O'Flammel le souffle court, tu t'es bien battue. Malheureusement pour toi, je suis plus fort. Tu peux te féliciter d'avoir tenu si longtemps, je suis impressionné.

— Allez…

— … me faire foutre oui, ton cerveau n'arrête pas de le déclamer depuis plusieurs minutes, je crois que j'ai compris ! Au lieu de jurer, tu ferais mieux de louer le ciel que ton protecteur ait eu l'intelligence de te faire boire des larmes d'Asclepios sans quoi tu serais probablement morte à l'heure qu'il est. Personne ne t'a jamais dit que l'insubordination pouvait te coûter la vie ?

Mon protecteur, où était-il ? Un instant, je me mis à le maudire, comme je maudissais le monde entier. Jasmine pour avoir troqué ma vie contre celle de sa sœur, Pete et Eddy d'avoir accepté de m'enlever pour une vulgaire somme d'argent, Moira de m'avoir malgré elle conduite dans la gueule du loup, mon père pour avoir fait confiance à O'Flammel, ma mère pour m'avoir mise au monde, Lia pour avoir cru qu'une gourde telle que moi était capable de protéger le Souffle. Je maudissais jusqu'à Homère lui-même d'avoir un jour eu des héritiers.

La colère gagnait mes veines aussi vite qu'une gangrène, pour moi, je n'eus pas le loisir d'y laisser libre cours. O'Flammel, ou Nicholas puisqu'il avait insisté pour que je l'appelle par son prénom, l'œil machiavélique, tenait entre ses doigts une étrange dague qui ne laissait rien présager de bon. Percevant mes interrogations affolées, mon bourreau fixa ses iris glacés sur les miens.

— Une dernière épreuve, petite Louise, après cela, tout sera terminé.

D'instinct, je m'agitai comme une forcenée, aussitôt freinée par la résistance de mes entraves. Je grognai, gémis, terrorisée à l'idée de subir une nouvelle torture.

— Allons, allons, calme-toi. Tu as fait le plus gros du travail, cette séance ne sera pas longue.

— « Séance », c'est comme ça que vous appelez votre ignominie ? Cela vous aide à mieux dormir ?

Souriant, Nicholas O'Flammel fit mine de réfléchir.

— Non, je peux dire « torture » aussi, répondit-il avec une

irritante placidité, mais je te remercie de te soucier de mon sommeil.

Il pouvait également me remercier d'avoir la bouche trop sèche pour lui envoyer un nouveau crachat à la figure. L'intention néanmoins, au vu de l'amusement qui se peignit sur son visage, ne lui échappa pas.

— Qu'est-ce que vous comptez faire avec ce couteau ? Est-ce celui que vous avez utilisé contre Lia ? Dites-le-moi si vous comptez me sectionner la main, j'aimerais autant m'y préparer.

Nicholas haussa un sourcil comme si j'avais déblatéré une absurdité. Il avait donc la mémoire courte. De mon côté, impossible de m'ôter de l'esprit la manière dont avait été mutilée la précédente Souffleuse. Si le même sort m'attendait, il y avait de quoi trembler. Désireuse de rester maîtresse de moi-même, je me mordis la langue pour m'empêcher de geindre, la peur gagnant peu à peu du terrain.

— Que veux-tu que je fasse de ta main, Louise ? Si elle n'est pas rattachée à ton corps, elle ne m'est d'aucune utilité. Lia a fait les frais de mon manque de discernement, j'ai recruté des amateurs, encore plus vénaux que bêtes. Ils lui ont tranché la main, vraiment ? Ils pensaient s'accaparer le Souffle de cette manière, quels idiots...

Il soupira avec une telle désinvolture que j'eus de la peine à retenir le flot d'insultes qui me venait en tête. Comment pouvait-il démontrer si peu de respect à Lia ? Elle était un être humain, pas un spécimen d'étude sur lequel on s'autorisait un pourcentage de perte ! La vie avait-elle donc si peu de valeur à ses yeux ?

— Elle en a, trancha Nicholas en répondant à ma question muette, c'est pour elle que je me bats.

L'expression de ses traits avait changé, de manière presque imperceptible, mais je le remarquai quand même. Sa bouche était pincée, quant à ses yeux, une lueur grave les traversait. Il serra les mâchoires et se concentra à nouveau sur moi, un sourire sanguinaire aux lèvres.

— Assez de palabres pour ce soir, siffla-t-il, tu ne voudrais pas que toute cette énergie retombe, n'est-ce pas ? Nous serions forcés de reprendre depuis le début et je pense que cela te déplairait...

De plus près, le poignard qu'il avait dans la main paraissait plus impressionnant. La lame était fine, vraiment fine et pointue. Trop pointue. Son manche était doté d'un réservoir et arborait d'étranges symboles. Parmi eux, l'œil, bien sûr. Il y avait aussi un escalier bizarre, quelques demi-cercles, et une combinaison de lettres et de dessins que je ne parvenais à déchiffrer.

Sans prévenir, Nicholas enfonça la partie tranchante dans mon bras, à la manière d'une aiguille. La brûlure fut instantanée. Cuisante. Indescriptible. Une morsure brève qui s'estompa avant que je n'aie eu le temps de le réaliser. Le souffle coupé, je levai les cils vers mon tortionnaire qui me toisait avec malice.

— Tu vois ? Pas de quoi s'alarmer.

La figure du télépathe rayonnait pendant qu'il observait le réservoir plein de sa dague. Mon sang luisait d'un éclat singulier, comme si le Souffle transparaissait. L'avait-il extrait de mon corps ? En étais-je à présent démunie ? Il me semblait pourtant encore percevoir sa présence au plus profond de moi. Je ne sentais rien de changé. J'éprouvais une fatigue immense, à tel point que j'eus peine à lutter.

Ω

— 36 —

Je fus assoupie un moment. Dix minutes, une heure ? Peut-être un jour ? La peau de mon visage tiraillait, mes lèvres gercées me piquaient et ma gorge n'était plus qu'un énorme brasier. Le silence. De ceux qu'on appréhende en pleine nuit, lorsque toute la maison est endormie. Le télépathe, à mon grand soulagement, avait laissé la lumière allumée, je n'aurais pas supporté d'être pieds et mains liés dans le noir le plus complet. Par ailleurs, il n'était pas là, j'étais seule dans la pièce.

Mes membres étaient perclus et je me sentais exténuée malgré le somme que je m'étais accordé. Vidée. Pourtant, une fureur m'animait. Un désir vivace de me tirer de ce trou à rats tant que l'occasion se présentait. Ma chance était là, à portée de main, je n'avais qu'à la saisir.

J'avais déjà testé la solidité des attaches qui me clouaient à la table, rien ne servait de forcer dessus, elles ne céderaient pas facilement. Seul obstacle me séparant de la liberté, il me fallait pourtant trouver un moyen de briser ces chaînes.

Les paupières closes, j'expirai avec calme. J'avais besoin de me concentrer, de rester déterminée. Ne pas désespérer. Faire abstraction des pensées parasites et relativiser.

Même la plus faible lueur importait.

Un petit bonheur fleurit soudain dans mon cœur, étirant mes lèvres en un sourire. Le Souffle était encore là, présent en moi, en sécurité. Discret, mais bel et bien là. Je le sentais. O'Flammel n'avait pas réussi à me l'enlever. Quoi qu'il ait tenté, il n'avait pas pu nous séparer.

Tout n'était pas complètement perdu.

Le courage tonifiant mes muscles, je rouvris les yeux, focalisée sur mon objectif. Des fourmillements naquirent sous ma peau. La signature du Souffle de Midas n'aurait pas pu être plus manifeste. Si je n'avais pas eu peur d'éveiller les soupçons de mon ravisseur, j'aurais probablement éclaté de rire tant la joie me submergeait. Une vive brûlure, tout à coup, me fit déchanter. Mes poignets étaient en feu, comme retenus par des anneaux chauffés à blanc. Serrant les dents, je gesticulai. D'instinct je forçai sur mes avant-bras jusqu'au moment où les lanières cédèrent enfin.

La surprise me paralysa un moment. Les paumes devant le visage, je remuai les doigts comme un pantin qui prenait vie. Aux articulations, je ne constatai aucune brûlure, la sensation n'avait pas marqué ma peau. Incroyable.

Me redressant sur les coudes, je tournai la tête et m'aperçus qu'en plus d'avoir changé en or les entraves de cuir qui m'emprisonnaient, je les avais déformées puis arrachées aussi facilement que si elles avaient été faites de papier. Soufflée, je capturai un des liens d'or entre mon pouce et mon index. De prime abord, il semblait solide, incassable, mais lorsque je le tordis entre mes doigts il prit l'empreinte du mouvement que je lui imposais comme s'il avait été une tablette de chewing-gum. Sitôt lâché, il se figea à nouveau.

J'étais abasourdie. Être capable de métamorphoser n'importe quelle matière en métal précieux était une chose, pouvoir la manipuler comme de la pâte à modeler en était une autre. La création était-elle également à ma portée ? Pouvais-je invoquer l'or à partir de rien ? Était-ce là les facultés spectaculaires dont avait parlé O'Flammel ? Peut-être ne tarderais-je pas à le découvrir. Toutefois, si la curiosité me tiraillait, l'heure n'était pas sujette aux expériences. Je n'avais pas de temps à perdre. Je devais faire vite si je ne souhaitais pas perdre mon avantage.

Je m'occupai des entraves qui me maintenaient les chevilles et me redressai. Mes yeux se voilèrent de noir un instant, la tête me tourna et je manquai m'écrouler au sol, me rattrapant de justesse à la table. Mes jambes me tenaient à peine, mon corps entier gardait encore des séquelles des décharges à répétition que j'avais subies.

Soufflant, je puisai dans mes dernières ressources. Je ne pouvais pas abandonner. Quand mes rétines s'accommodèrent enfin de la luminosité de la pièce, je pris une longue inspiration et marquai une pause pour regarder autour de moi. Au pied de la table, un seau d'eau encore plein, je m'accroupis pour m'asperger le visage et boire dans le creux de mes mains. J'avais la langue tellement sèche qu'il me fallut plusieurs gorgées pour apaiser les picotements, faute de pouvoir me rassasier. Après m'être essuyé la bouche, je remarquai une trappe, au plafond. Cela me semblait être la seule issue. Sans attendre, je grimpai les marches pour y accéder, mais me heurtai à un mur. Elle était fermée à clef depuis l'extérieur. Évidemment.

Soupirant, je me creusai les méninges à la recherche d'une solution. Il n'y en avait pas trente-six, aussi plaquai-je rapidement mes paumes contre la paroi en bois. Si j'avais pu briser des liens en cuir de cette manière, un simple battant de bois, même retenu par un verrou, ne devrait pas poser problème. La porte prit une teinte dorée à mesure que le Souffle gagnait les fibres. L'or vibrait sous mes phalanges quand une décharge me tétanisa soudain. Hurlant de douleur, je dégringolai les marches et me recroquevillai au sol, gémissant.

Lorsque je relevai la tête, Nicholas se tenait dans le puits de jour que j'avais creusé, un sourire maléfique sur la figure. Il descendit quelques marches avec nonchalance et vint s'accroupir près de moi. Il avait pris le temps de changer de tenue et troqué sa chemise par un t-shirt plus décontracté, signe que j'avais dormi davantage que je ne l'avais estimé.

— Il fallait me dire si tu avais besoin d'aller faire un tour. J'aurais prévu une laisse !

Invoquant la haine que j'éprouvais jusqu'au tréfonds de mon

âme, je ne laissai pas son venin m'atteindre. Mon regard se durcit au moment d'affronter le sien, rieur. Par son encolure en « V », j'aperçus soudain le tatouage qu'il portait sur le sternum, une vision qui me paralysa. Un œil, aux traits graphiques et épurés, duquel s'échappaient des larmes fleuries, contrastait sur sa peau claire.

Le doute n'était désormais plus possible. O'Flammel, comme je l'avais deviné, était bel et bien la menace qu'avait évoquée Ellie dans son oracle et le Souffle, hélas, venait de tomber entre ses mains. La prophétie se réalisait.

La pire des punitions pendait à la ceinture du télépathe, me renvoyant un échec cuisant au visage. Le poignard, dont l'ampoule de verre rattachée au manche était pleine de sang, me narguait. Le liquide écarlate chatoyait, dansait pour me provoquer. Je hurlai de frustration, furieuse à l'idée qu'un être infâme tel que lui puisse gagner. Des larmes acides creusaient des sillons sur mes joues, je vociférai comme une furie.

— Qu'est-ce que tu fais ?! beugla le télépathe.

Je ne compris pas tout de suite ce qu'il se passait.

La panique marquant les traits de mon tortionnaire, je le vis détacher la dague de son petit holster et la placer à la lumière pour l'observer. Mes yeux, à l'instar de ceux de mon ravisseur, s'écarquillèrent de surprise. Dans le réservoir, l'hémoglobine se cristallisait, s'agglutinait en pépites luisantes d'or. En quelques secondes, la transformation fut complète. Un bloc d'un jaune étincelant avait remplacé la petite réserve de sang contenue dans le poignard.

Étais-je responsable de cela ? Impossible. Je n'avais touché l'arme à aucun moment.

Hélas, ce n'était pas ce qu'avait l'air de penser Nicholas qui, de fureur, se jeta sur moi. Si je l'avais vu maître de lui-même jusqu'à présent, il n'était plus alors qu'un monstre de colère. La rage guidant sa main, il me saisit brutalement par le col et me ramena à lui sans ménagement.

— Tu es contente de toi, abrutie ? me cracha-t-il au visage. Qu'espères-tu ? Me mettre en rogne ? La colère ne m'a jamais quitté, depuis des millénaires, gamine, tu entends ? Tu te crois maligne ? Tu penses pouvoir te jouer de moi ? Sache que *rien* ne m'arrêtera. Rien. Je suis bien trop près du but pour laisser quiconque me faire obstacle. Tu n'es qu'un moustique à côté de moi, et je t'écraserai sans hésiter s'il le faut ! Ta bêtise vient de nous faire perdre une journée de travail et nous allons devoir reprendre depuis le début, c'est ce que tu voulais ? La douleur te plaît-elle finalement ?

Malgré la terreur que m'inspirait la perspective d'une nouvelle séance de torture, je ne pus m'empêcher de rire, de rire à gorge déployée. Fixant mes iris dans ceux du télépathe, je le défiai.

— Pourquoi s'énerver alors ? le provoquai-je malgré ma voix rauque. Comme vous le dites, il n'y a qu'à recommencer, ça n'est pas si grave ! Cela doit au contraire ravir votre penchant sadique !

Trop tard, je compris que les limites de sa patience étaient dépassées. Un éclair me propulsa à plusieurs mètres, je m'écrasai sur l'escalier, les marches me cassèrent le dos. Saisissant les rampes à deux mains, je serrai les mâchoires ct appelai le Souffle. Je liquéfiai l'or aussitôt formé puis assaillis mon ennemi d'un flot brûlant de ce métal fondu.

Gorgée d'adrénaline, je me hissai enfin hors de la cave, me confrontant aussitôt au froid de la nuit. L'air marin emplit mes narines, m'indiquant la proximité d'une côte. Le ciel était dégagé et me couvait d'un somptueux manteau d'étoiles. Cette vision décupla le sentiment de liberté que j'éprouvai alors, je m'élançai dans la nature quand un cri aigu déchira l'atmosphère. Une ombre plana au-dessus de moi, me faisant instinctivement baisser la tête. Un nouveau cri, rauque cette fois, venu de derrière, me glaça l'échine. Depuis sa cave souterraine, bouillonnant d'une frénésie destructrice, l'œil venimeux, la peau cloquée, le télépathe avait l'apparence d'un titan, prêt à s'extirper des enfers pour anéantir toute trace de vie sur son passage. Ses iris violacés ne reflétaient qu'une haine meurtrière. Des langues d'électricité vive, menaçantes, couraient sur ses bras aux muscles tendus à l'extrême. Le guerrier infernal s'armait, prêt à frapper.

La peur me servit de moteur, je poussai sur mes jambes, n'esquissant qu'une foulée avant qu'une masse gigantesque me percute sur la droite et m'envoie valser plus loin. Un tonnerre fracassant rugit dans les ténèbres, son éclair heurta un saule qui s'embrasa instantanément. Deux énormes pattes, dotées de serres impressionnantes, m'encerclèrent soudain. Plaquée au sol, je ne pouvais plus bouger, totalement sous l'emprise de cette créature monstrueuse. À la fois de fourrure et de plumes, la bête repliait sur moi deux ailes brunes comme un bouclier. Son bec d'aigle penché vers mon visage, je compris qu'elle était de mon côté. J'avais déjà aperçu la bête, un griffon, juste avant l'accident. À présent, elle venait à mon secours. Ses prunelles d'ambre, humaines et familières, me rassuraient. Une certitude étrange jaillit en moi, un sourire s'imprima sur mes lèvres. C'était lui. Mon cœur implosa d'une joie libératrice dans ma poitrine aussitôt réfrénée par le hurlement, pareil à un vrombissement du diable, que poussa O'Flammel en s'extirpant de la trappe. Mon protecteur, me couvant de ses plumes, se mit à gronder, comme pour dissuader son adversaire d'approcher. L'effet ne prit pas ; sitôt qu'il nous repéra, le télépathe nous tint en joue, une gerbe de foudre dans chaque paume. À cet instant, je compris que l'expression « Main de Zeus » n'avait rien d'exagéré ; il semblait la parfaite incarnation vivante du dieu des dieux. La terreur se solidifia dans mes veines.

— Satané Gardien ! mugit Nicholas d'une voix méconnaissable. Abomination de la nature ! Faudra-t-il toujours que tu te mettes en travers de mon chemin ?

La répugnance écumait aux lèvres de notre ennemi. Il haïssait Angus d'une manière viscérale et semblait prêt à le réduire en miettes, nullement impressionné par la taille de son adversaire ailé.

— Laisse-la-moi, commanda-t-il, et je jure de ne tuer que toi.

Glatissant, le griffon s'avança et m'enfouit presque totalement dans son plumage. Incertaine qu'il m'entende, je lui murmurai tout de même de prendre garde. Imaginer qu'on puisse lui faire du mal m'était insupportable. Sa queue de lion m'encercla tout à coup la taille et me mit à l'écart.

Arrondissant le dos, Angus fit claquer son bec, ce qui déclencha aussitôt l'hilarité de son adversaire.

— Tu espères la protéger ? ricana-t-il, perfide. Comme tu as protégé Lia, c'est ça ? Allez, oiseau de malheur, montre-moi ce que tu as dans le ventre !

Le feulement qui jaillit du bec du gardien me vrilla le cœur. La douleur y était perceptible. Nicholas s'en amusait, me donnant l'envie de vomir. Le cœur de cet homme était calciné. Mort. Alimenté par le venin de la haine.

Angus se dressa sur ses pattes arrière, face à son adversaire, griffes en avant. Les éclairs fusèrent, mais aucun ne toucha sa cible. Enhardi, le gardien chargea, percutant de plein fouet son assaillant. Le combat fut d'une violence terrifiante. Vautrée au sol, j'étais démunie face à l'échange titanesque qui se déroulait sous mes yeux. Angus captura O'Flammel dans ses mâchoires, profitant de la position de celui-ci pour l'envoyer se briser contre un arbre. L'homéride se releva aussitôt et répliqua par une nouvelle salve de foudre qui, cette fois, frappa le gardien au flanc. L'attaque fut si virulente que ce dernier s'écroula.

Je hurlai, mais personne ne m'entendit. Paniquée, je commençai à suffoquer. Un cri de douleur me fit monter les larmes aux yeux. Ça n'était pas le mien, pourtant, il faisait écho aux heures de souffrance que j'avais subies entre les mains du monstre qui s'en prenait désormais à Angus. Accablé, le gardien ne parvenait pas à se relever. La tension continue que l'homéride mettait dans ses décharges allait l'achever. Les hurlements étaient à présent complaintes, des râles déchirants que je ne parvenais plus à supporter.

Je devais agir. Trouver un moyen d'arrêter ce massacre.

Paupières closes, le cœur au bord du désespoir, je centrai mon pouvoir sur mes paumes et enfouis mes doigts dans le sol où grouillait, sous la surface, un amoncellement de fibres organiques pareil à un trésor. J'assemblai terre, bois et racines, les agglutinai comme une pâte malléable, leur donnai forme. À distance, je contrôlai alors leur trajectoire, les guidant droit vers O'Flammel. Quand ce dernier rugit comme un fauve, je compris que j'avais atteint mon but. Des filaments d'or, comme autant de petits tentacules jaillissaient du sol, ficelant les jambes de mon ennemi, l'emprisonnant et le clouant au sol.

Retirant vivement mes bras de la terre, je fus abasourdie par cet étonnant spectacle. Soudain, un cri strident me ramena à la réalité. Sitôt libéré de l'emprise du télépathe, le griffon avait repris du poil de la bête et se ruait à ma rencontre, ignorant injures et menaces proférées par celui qui l'avait tenaillé.

Lorsqu'il arriva à ma portée, il déploya ses ailes et me captura dans ses serres, me ramenant aussitôt contre ses plumes. Après une brusque impulsion, nous décollâmes in extremis, je manquai presque tomber. À une trentaine de mètres du sol, la foudre nous frôla. Si les jambes de notre ennemi étaient maintenues, il était pourtant encore capable d'invoquer la Main de Zeus. Sa ténacité était effrayante. Loin de se laisser déstabiliser, mon protecteur ailé prit de l'altitude. L'air glaçait mes joues, mais j'étais loin de me soucier de la température, la seule chose qui importait était la distance que nous mettions entre O'Flammel et nous. Enfin, alors qu'un nouveau coup de tonnerre retentit à plusieurs mètres, je compris que nous l'avions semé.

Ω

— 37 —

Nous étions saufs.

Amochés, mais bel et bien en vie.

Le froid, en altitude, était à peine supportable, mais servait en quelque sorte d'anesthésiant. Le silence, uniquement perturbé par le vent qui sifflait dans mes oreilles, me reposait agréablement. Je me laissais bercer, enfouie dans le plumage fauve du griffon. La sensation de flottement était différente de celle que j'avais éprouvée la première fois que j'avais volé dans les airs, peut-être en avais-je davantage conscience cette fois-là que la précédente. C'était incroyablement léger, incroyablement doux, c'était comme de se laisser flotter sur des eaux imaginaires, l'esprit vidé de tourments.

Un demi-sommeil avec des sens en éveil.

Je regrettai cependant de ne pouvoir communiquer avec Angus par la pensée. Au moins pour savoir comment il allait. La bataille avait été particulièrement virulente, O'Flammel n'y était pas allé de main morte. C'était le cas de le dire. Je gardais moi-même des brûlures vives à l'endroit où le télépathe avait placé sa main pour me torturer. Mon vêtement collait sur la plaie et je redoutais le moment où j'allais devoir l'enlever.

Angus, lui, ne montrait aucune blessure apparente, mais il était sans doute difficile de s'en rendre compte sous la masse de plumes et de poils qui couvrait sa peau. Humain, il paraissait déjà d'une résistance à toutes épreuves, plus solide qu'un roc, j'imaginais qu'il décuplait cette capacité sous sa forme de griffon. Si j'avais moi-même encaissé les décharges d'O'Flammel, il n'y avait pas de raison de se faire du souci pour mon gardien.

Néanmoins, le râle qu'il avait poussé au moment où son assaillant avait fondu sur lui me restait en mémoire. Même à distance, j'avais perçu sa douleur comme la mienne. Ce cri, j'en étais certaine, hanterait probablement mon sommeil pour les semaines et les mois à venir.

O'Flammel était un sadique, ça n'était plus à démontrer, mais la haine avait motivé son attaque, il avait agi par vengeance davantage que par intérêt. Cette idée ne me quittait pas et nécessitait un éclaircissement.

Je devais me rappeler d'y penser à tête reposée.

Le griffon poussa soudain un cri très doux, comme pour m'avertir d'un changement. Je me frottai les paupières avant de jeter un bref regard autour de moi. L'obscurité ne me permettait pas de discerner grand-chose, mais je parvins tout de même à apercevoir le flanc d'une montagne. Angus laissa l'air lui gonfler les ailes, signe que nous nous apprêtions à nous poser. Nous étions arrivés.

Nous perdîmes rapidement de l'altitude, la vitesse me plaquant au ventre de mon gardien. Je m'accrochai, de peur de chuter.

L'atterrissage, malgré tout, s'effectua en douceur. Appréhendant d'abord le sol rocailleux de ses pattes arrière, le griffon me libéra ensuite de ses serres pour me poser à terre.

Pour la première fois de la soirée, j'eus le loisir de lui faire face et de l'observer sous sa forme animale.

Il était gigantesque. Ses pattes, à la fois d'aigle et de lion, étaient démesurées, son buste colossal et sa tête avaient la taille de celle d'un bœuf. Quant à l'envergure de ses ailes, elles mesuraient presque trois fois son corps. Une créature tout droit sortie des légendes antiques. Magnifique...

Sous le rayon de la lune, ses iris mordorés luisaient. Leur couleur était aussi belle que sous sa forme humaine, chaude et rassurante. Un sourire se dessinait sur mon visage, je tendis la main pour caresser son plumage et lui témoigner ma tendresse, mais il recula subitement.

Je fronçai les sourcils sans comprendre.

— Angus ?

Un glatissement aigu me vrilla les tympans au moment où le griffon se cabra, agitant ses ailes si violemment que je perdis l'équilibre. Interloquée, les fesses meurtries par la roche, je l'observai.

— Angus, qu'est-ce qui te prend ?

Il fit claquer son bec, griffant l'air comme s'il cherchait à me faire reculer. Impressionnée, je m'éloignai avec difficulté, mes mouvements bloqués par le sol glissant. Le corps de la bête se secoua vivement, faisant crisser ses plumes. Le voyant piaffer et remuer de la sorte, je compris qu'il était en pleine métamorphose.

Sa taille, d'abord, s'étrécit, les ailes se recroquevillèrent sur elles-mêmes jusqu'à disparaître totalement sous une peau qui se débarrassait peu à peu de ses plumes. Lorsqu'elles se brisèrent, les articulations de ses pattes épousèrent tout à coup un aspect plus humain. Jambes et bras apparurent. La transformation la plus spectaculaire fut celle du bec qui s'enfonça dans le visage, revêtant la forme d'un nez aquilin qui marquait les traits d'un visage que je n'avais jamais vu de ma vie.

Une épaisse chevelure blonde tombait sur des pommettes saillantes, la bouche large et charnue, la teinte ambrée des yeux.

Décontenancée, je ne le quittai pas du regard.

La désillusion tombait.

Cet homme n'était pas Angus.

Tome 1 - Fin

Remerciements

Par où commencer ?

Les Cornouailles d'abord. Le voyage qui, je crois, m'a fait grandir. Falmouth, la boutique Crystals, Pike's hill, Gyllyngvase beach… autant d'endroits qui ont fait partie de mon quotidien avant de devenir les points d'ancrage de Louise.

Depuis la toute première ligne du roman, j'ai croisé tant de personnes, visité tellement de lieux qui ont inspiré le Souffle de Midas qu'il me serait impossible de les énumérer de manière exhaustive, mais je vais essayer de me souvenir du principal.

En premier, merci à Mathieu et Cécile, pour votre soutien, vos conseils avisés et votre patience (je sais que j'ai mis cette dernière à rude épreuve, pardon). Merci de croire en moi et en mon histoire. Merci pour toutes les paillettes dorées que vous mettez sur mon chemin. Vous êtes des éditeurs (et des personnes surtout) en or.

Évidemment, je remercie mes parents. Merci, Papa, Maman, d'être là quels que soient mes choix. Merci de me faire confiance. Votre soutien est le plus précieux des cadeaux.

Merci à mes sœurs, mes supernanas. Ma Bulle et ma Rebelle. Avec vous, la vie est plus dorée.

Merci Ama de m'avoir transmis ton amour des livres.

Merci à mes quatre fantastiques, Emilie, Margaud, Alicia et Nine. Ma *Golden Team*. Merci de m'écouter, de balayer mes doutes, de m'inspirer au quotidien. Vous êtes les meilleures.

Merci à Momoko. Tu étais là pour voir les premiers pas de Louise, tu l'as vue grandir et se métamorphoser. J'espère que tu es fière de ta filleule d'encre et de papier.

Merci à Marie, ma bêta-lectrice toujours au rendez-vous ! Merci pour tes conseils précieux.

Merci à Marianne pour ses remarques pertinentes prodiguées dans l'urgence !

Merci à Manon Elisabeth d'Ombremont, qui me rassure quand j'en ai besoin. Merci d'être mon amie depuis si longtemps.

Merci à Miesis pour cette couverture sublime ! Je ne pouvais rêver mieux.

Enfin, merci à vous tous, de m'avoir soutenue bien avant de pouvoir tenir ce livre entre vos mains. Ma communauté, fidèle au poste depuis mes débuts sur YouTube. Vos messages, vos encouragements au quotidien m'ont aidée à donner le meilleur de moi-même. J'espère que ce livre sera à la hauteur de vos attentes.

Achevé d'imprimer par
Pulsio SARL (Bulgarie)
Décembre 2017